C.H.BECK WISSEN

Dieser Band stellt die wichtigsten Entwicklungen der europäischen Kunst in der Zeit zwischen 1750 und 1830 dar. Das klassische Historienbild war an sein Ende gelangt, die herkömmliche christliche Ikonographie löste sich ebenso auf wie das Normative in der Kunst überhaupt. Auf diese Krisenphänomene fanden der Klassizismus und die Romantik unterschiedliche, aber miteinander verwandte Antworten. Andreas Beyer vermittelt ein anschauliches Bild der Epoche, die auch das Jahrhundert Winckelmanns war, und stellt die wichtigsten Künstler von David, Ingres, Canova und Schinkel bis zu C. D. Friedrich, Goya und Turner vor.

Andreas Beyer war von 2009 bis 2014 Direktor des Deutschen Forums für Kunstgeschichte in Paris und lehrt Kunstgeschichte an der Universität Basel.

Andreas Beyer

DIE KUNST DES KLASSIZISMUS UND DER ROMANTIK

C.H.Beck

Für Paola und Claude Bouvier

Mit 52 Abbildungen, davon 17 in Farbe

2. Auflage. 2021

Originalausgabe

www.chbeck.de
Reihengestaltung Umschlag: Uwe Göbel (Original 1995, mit Logo),
Marion Blomeyer (Überarbeitung 2018)
Umschlagabbildung: Gottlieb Schick:
Kopf eines Jünglings (Jean-Baptiste Vermay), Detail,
1800/1802, Berlin, Nationalgalerie,
© bpk/Nationalgalerie, SMB/Andres Kilger
Satz: C.H.Beck.Media.Solutions, Nördlingen
Druck und Bindung: Druckerei C.H.Beck, Nördlingen
Printed in Germany
ISBN 978 3 406 77280 1

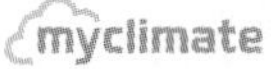

klimaneutral produziert
www.chbeck.de/nachhaltig

Inhalt

I. Zwei Signaturen, eine Epoche

Der Klassizismus: Fassung und Vorbild

Der Begriff des Klassizismus steht, namentlich in der Kunstgeschichte, zunächst und vor allem für eine Epoche; zugleich umschreibt er aber eine überzeitliche kanonische Kategorie. Deshalb taugt die im Italienischen und Englischen getroffene Unterscheidung zwischen den gelegentlich wiederkehrenden Klassizismen als Stilverhalten und dem Neo-Klassizismus als Stilepoche besonders gut dazu, diese in ein eigenes Recht zu setzen. Wirkliche Verbindlichkeit hat das freilich nicht erlangt, wie auch die zeitliche Eingrenzung umstritten geblieben ist. Gemeinhin wird die Epoche allerdings in dem Zeitraum von ca. 1750 bis ca. 1830 angesiedelt. In diesem setzt späterhin freilich auch die romantische Bewegung ein, was zu kategorialen Überschneidungen führt, aber auch die wechselseitige Bedingung und letztlich die innere Verwandtschaft der beiden Zeiterscheinungen beleuchtet.

Im Französischen ist mit «Classicisme» vor allem die Kunst des *Grand Siècle*, also des 17. Jahrhunderts, gemeint, während sich im Deutschen, vor allem befördert durch die Weimarer Literatur und Kunstpolitik, der Terminus «Klassik» für die Epochenschwelle um 1800 durchgesetzt hat. Wie für alle kunsthistorischen Periodisierungen gilt hier, und nicht weniger auch für die Romantik, dass solche Epochennamen nicht viel mehr als eine Verabredung sind. Sie stellen Annäherungsversuche dar, die gleichwohl, auch und gerade wenn sie sich gelegentlich als wenig eindeutig erweisen, Aufschluss über dominante Phänomene der in Rede stehenden Kunstproduktion gewähren.

Der Terminus des «Klassischen» leitet sich von dem lateinischen Begriff «classicus» her, womit die ersten (reichsten) Bürgerklassen bezeichnet wurden. Schon in der Antike wird der Begriff aber auch auf andere Personengruppen übertragen; so ist etwa von «scriptores classici» die Rede, womit der Terminus zu einem kulturellen Signum gerät, das Vorbildhaftigkeit bezeichnet und auch auf andere Künste Anwendung findet. Als solches charakterisiert er in der Folge Werke oder Epochen, die sich in besonderem Maße der Befolgung eines Kanons verpflichten. «Klassisch» – das meint einen (nicht selten auch kritischen) Nachahmungsimperativ und eine bewusste Bezugnahme auf Vorgängiges, zumal auf das griechisch-römische Altertum. Das schließt nicht aus, dass auch Innovationen und Avantgarden unter diese Kategorie fallen. Vor allem aber verbindet sich damit die Vorstellung von Klarheit, Rationalität, Kontur und Linie sowie die Mäßigung des leidenschaftlichen Ausdrucks.

Kanon und Krise

Untrennbar verknüpft mit dem Klassischen sind der Kanon und die Kanonisierung bestimmter Werke. Dennoch darf man auch hier immer Wandlungen voraussetzen, und man wird den Klassizismus als Kumulation ästhetischer Erfahrungen gelten lassen müssen. Nach 1750 freilich signalisiert der Klassizismus auch ein Krisenbewusstsein, das auf die kaum noch zu kontrollierenden Formexzesse des Rokoko reagiert und in der irritierenden Vielheit der Stile vorgängiger Perioden nach einem verlässlichen, eindeutigen Habitus sucht. Vor allem aber sieht sich der Klassizismus zunehmend mit der Aufgabe konfrontiert, angesichts der Unerreichbarkeit und Unwiederbringlichkeit der klassisch-antiken Epoche zu einer eigenen Identität finden zu müssen. Der englische Maler Joshua Reynolds, der erste Präsident der Royal Academy of Arts, hat das Bewusstsein dieses historischen Bruchs in einem seiner jährlichen, öffentlich gehaltenen «Discourses» (Nr. 15 aus dem Jahr 1790) unter Bezug auf die Kunst der Renaissance, der er die größere Nähe zur Antike attestierte, prägnant zusammengefasst:

Im Verfolg dieser grossen Kunst muss eingestanden werden, dass wir unter grösseren Schwierigkeiten arbeiten als die, die im Zeitalter ihrer Entdeckung geboren wurden und deren Sinn von Kindertagen an an diesen Stil gewöhnt war; sie lernten ihn als Sprache, als ihre Muttersprache. Sie hatten keinen mäßigen Geschmack, um ihn überhaupt wieder verlernen zu können; sie brauchten keinen überzeugenden Diskurs, der sie zu einer günstigen Aufnahme dieses Stils überreden sollte, keine tiefgründigen Nachforschungen nach seinen Prinzipien, um sie von den grossen verborgenen Wahrheiten zu überzeugen, auf denen er gegründet ist. Wir (dagegen) sind gezwungen, in diesen späteren Zeiten zu einer Art Grammatik und Wörterbuch Zuflucht zu nehmen, als dem einzigen Weg, eine tote Sprache wiederzuerlangen.

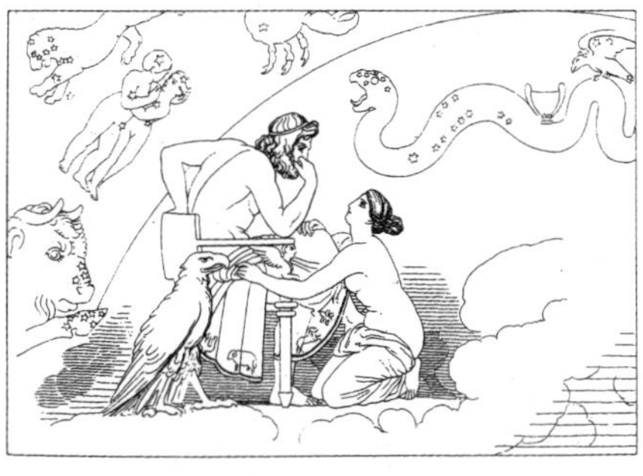

1 John Flaxman: Zeus und Thetis, Umrissstichillustration zu Homers «Ilias», 1793, Hamburg, Kunsthalle, Kupferstichkabinett

Ist der Klassizismus also von Zeitgenossenschaft nicht zu trennen und durchaus fortschrittsbewusst, so bildet gleichwohl die Antike seinen unverhandelbaren Referenzpunkt. Deren Rezeption erlebte durch die frühe Archäologie, namentlich durch die Ausgrabungen in Herculaneum (ab 1738) und Pompeji (ab 1748), eine neue Konjunktur, die maßgeblich befördert wurde durch philologische und dokumentarische Unternehmungen. Darunter nimmt Bernard de Montfaucons frühe Publikation «Antiquité expliquée et representée en figures» (1719) eine führende Stellung ein; seine abbildungssatten Kompendien dienten dem zeitgenössischen und nachfolgenden Künstler als Vorlagenwerke und machten bis ins Detail hinein die Richtigkeit der in die neuen Bildwelten aufgenommenen antiken Zitate überprüfbar. Nicht weniger prägend wirkten der «Recueil d'Antiquités Egyptiennes, Etrusques, Grecques et Romaines» von Anne-Claude-Philippe de Tubières de Grimoard de Pestels de Lévis, comte de Caylus (1752–1767) oder James Stuarts und Nicholas Revetts «The Antiquities of Athens» (1762) und natürlich Winckelmanns Schriften, die auf der europäischen antiquarischen und historisch-archäologischen Forschung seiner Zeit aufbauten. Auch die Publikationen von antiken Vasenbildern, insbesondere aus der Sammlung Sir William Hamiltons, wie sie etwa Pierre-François Hugues d'Hancarville oder Johann Heinrich Wilhelm Tischbein vorgelegt haben, beeinflussten die bildende Kunst folgenreich und verpflichteten sie auf einen flachen Linienstil. In der Folge machten ferner John Flaxmans Umrissstichillustrationen zu Homers «Ilias» und zur «Odyssee» von 1793 die solcherart abstrahierte antike Formen- und Figurenwelt populär – auch in den Kreisen der Romantiker (Abb. 1).

Der Klassizismus zielte jedoch über die rein sinnliche Erscheinungsform und Wahrnehmung der Kunst hinaus und forderte einen lehrhaften Gehalt. Schon der französische Schriftsteller Denis Diderot hatte den Bildungscharakter der Kunst in seinen «Salons» (1759–1781) eingeklagt. Überhaupt darf der stark akademische, pädagogische Charakter der klassizistischen Bewegung als eines ihrer wesentlichsten Merkmale gelten. Der Rekurs auf die Antike war nicht zuletzt politisch begründet, da er die bürgerlichen, republikanischen Tugenden, zumal der griechischen Klassik, als für die aufgeklärte Zeitgenossenschaft taugliches Vorbild begriff. Klassizismus, das war die Vorgabe einer Ordnung, und diese war schon in der Antike als probates Mittel der Disziplinierung erkannt worden: Unter Augustus war die Rückkehr zu reinen, klassischen attischen Formen als Antidot zu der um sich greifenden Dekadenz der späten römischen Republik propagiert worden.

Diese soziale Dimension des Klassizismus erklärt auch, weshalb sich die Suche nach dem «wahren Stil» und dem «guten Geschmack» auf sämtliche Bereiche der Kunst ausdehnte. Kunsthandwerk und Innenausstattung wurden davon ebenso erfasst wie die Baukunst und selbst die Urbanistik. Der Klassizismus wurde daher treffend umschrieben als ein Habitus, der im Spannungsfeld zwischen utopischem Ideal und irdischer Wirklichkeit angesiedelt war.

Die Romantik und der Historismus haben, vor allem in der Motivik, gelegentlich aber auch in der Komposition, nicht gezögert, auf die Klassik oder den Klassizismus zurückzugreifen – nicht nachahmend, sondern interpretierend. Das unterstreicht den dynamischen Charakter des Klassizismus und die Elastizität einer Epochenbezeichnung, welche nicht immer scharf abzugrenzen ist, namentlich nicht gegen die Romantik. Und doch hat der Begriff des Klassizismus erst in der Absetzung von jenem der Romantik seine Konturen gewonnen, wobei heutzutage die Überzeugung vorherrscht, schon der Klassizismus sei etwas durchaus Neues und Eigenständiges gewesen.

Die Romantik: Haltung statt Stil

Der Begriff der Romantik ist nicht weniger komplex und kompliziert. Es handelt sich dabei nicht um einen Stilbegriff, der eine spezifische Erscheinungsform eines Kunstwerks umschreibt, sondern vielmehr um eine Haltung, um einen ästhetischen Wertungsbegriff, der genauso überzeitlich verwendet wird wie jener des Klassizismus. Zugleich ist aber auch er zu einem Epochenbegriff avanciert. Seit der zweiten Hälfte des 17. Jahrhunderts dient der Begriff, ausgehend von England («romantic») und dem literarischen Medium des Romans und der Romanze (hier besonders der mittelalterlichen Ritterdichtung), zunächst dazu, visuelle Phänomene zu charakterisieren, zumal in der Landschaftsgestaltung und in der Landschaftsmalerei. Er macht aber auch im Medium der Literatur weiter Karriere. Anthony Ashley-Cooper Shaftesbury fasste bereits in seinen «Moralists» (1709) folgenreich all jene Topoi zusammen, die noch im folgenden Jahrhundert das Romantische bestimmen sollten. Den «romantic way» umschreibt er als Enthusiasmus, Schwärmerei, Melancholie und poetische Ekstase. Das Romantische, das eng verknüpft ist mit der Landschaftserfahrung und zumal mit der unberührt und wild sich darbietenden Natur, auch wenn diese in Form eines durchkomponierten Gartens erscheint, tritt bald mit dem Erhabenen in Verbindung, und die beiden Begriffe werden gelegentlich sogar synonym verwendet. Insofern die Landschaftsmalerei aber auf die Literatur rekurriert oder selbst zum Gegenstand der Literatur gerät, überlagern sich die Begriffe «malerisch» und «romantisch».

Im Französischen wird das zunächst mit «pittoresque» übersetzt, bald aber setzt sich auch hier der Begriff «romantique» durch, besonders dort, wo die Naturerfahrung im Vordergrund steht – Jean-Jacques Rousseau bedient sich seiner erstmals in den «Rêveries du promeneur solitaire» (entstanden 1776–1778, erschienen 1782). In Deutschland ist der Wortgebrauch im 18. Jahrhundert namentlich von den Brüdern Schlegel geprägt. Typologisch argumentierend, versuchten sie mit «romantisch» eine Literatur zu umschreiben, die sich über Epochen hinaus, ja selbst jenseits der europäischen Kultur antiklassisch gab (Dante, Ariost, Cervantes und Shakespeare gehören zu ihren Kronzeugen). Mit August Wilhelm Schlegels «Vorlesungen über schöne Literatur und Kunst» (1801–1804) und Jean Pauls «Vorschule der Ästhetik» (1804) verfestigt sich diese auf die Literatur bezogene Deutung des Begriffs. Novalis schreibt: «Indem ich dem Gemeinen einen hohen Sinn, dem Gewöhnlichen ein geheimnißvolles Ansehn, dem Bekannten die Würde des Unbekannten, dem Endlichen einen unendlichen Schein gebe so romantisire ich es» («Logologische Fragmente» 105). Aber schon damals bereitete die Begrifflichkeit offenbar Mühe. Friedrich Schlegel schrieb an seinen Bruder August Wilhelm im Dezember 1797: «Meine Erklärung des Worts *Romantisch* kann ich Dir nicht gut schicken, weil sie – 125 Bogen lang ist.»

Die damalige Debatte um die zeitgenössische literarische Romantik, die in Deutschland bald mit einer auf Innerlichkeit zielenden, christlich-katholischen, das Mittelalter zum Vorbild nehmenden Tendenz gleichgesetzt wurde, übertrug sich auch auf die bildende Kunst. Vorbereitet war dies durch die im 17. Jahrhundert in Frankreich einsetzende «Querelle des anciens et des modernes», die das Primat des antiken Vorbilds nachhaltig erschüttert, zwischen Klassik und Antiklassik unterschieden und aus dem Bewusstsein der historischen Differenz zwischen dem Jetzt und der Antike eine Logik der Überbietung entwickelt hatte. Dem normativen und wissenschaftlich-empirischen Weltbild setzte der romantische Impetus ein poetisches entgegen, das im subjektiven Gestus gegen die rationalen Prinzipien der Klassik opponierte. Daraus resultierte kein Stilideal, und die Werke, die unter dem Begriff der Romantik versammelt werden, zeichnen sich durch erhebliche formale Abweichungen voneinander aus. Allenfalls darf man als Gemeinsamkeit eine innere Haltung postulieren, die aus den Erfahrungen der Aufklärung und der Französischen Revolution resultierte, epochalen Zäsuren, die mit der Geschichte brachen und das Gefühl für den Verlust der Ursprünglichkeit verstärkten. In der Genieästhetik des ausgehenden 18. Jahrhunderts wurde zudem ein Kunstverständnis entwickelt, das dem normativen Anspruch der Klassik zuwiderlief und auf das Gefühl rekurrierte – nicht im Sinne eines reinen Subjektivismus, sondern im Vertrauen auf die Kraft des Individuums, die äußere Wirklichkeit zu transzendieren. Und obwohl sie sich aus einer als bedrohlich wahrgenommenen Gegenwart in Gegenwelten träumte, zumal in das verklärte Mittelalter, und Natur und Religion neu beschwor, verfuhr die Romantik durchaus optimistisch und beanspruchte für sich unbedingte Modernität.

Ursprung der einen *Moderne*

Auch bei Klassizismus und Romantik handelt es sich um Epochenkonstruktionen, und ihre gängige Opposition täuscht über durchaus manifeste Gemeinsamkeiten hinweg. Heute ist sich die Forschung darüber einig, dass die europäische Aufklärung die Epoche zwischen 1750 und 1830 insgesamt geprägt hat. So sind Friedrich Schillers ästhetische Schriften der 1790er Jahre, die als Programmschriften der Klassik gelten, ohne die Vorgaben Edmund Burkes oder Denis Diderots nicht denkbar; auch Winckelmanns Idealität ist weniger aus dem Geist eines überzeitlichen Klassizismus geboren als vielmehr in Anlehnung an Georges Louis Leclerc Buffons biologische Entwicklungstheorie entstanden; und das der Romantik zugeschriebene Projekt der Synästhesie hat seine Wurzeln in der Sinnesphysiologie der Spätaufklärung.

In den bildenden Künsten geriet in der hier verhandelten Zeit die Darstellungsfunktion der Kunst weitgehend an ihr Ende, was für die Klassik und die Romantik gleichermaßen zu einer

Krise der Zeichensysteme führte. Zu den beide Bewegungen übergreifenden Phänomenen gehören die Auflösung der Ordnungsprinzipien des klassischen Historienbilds, die Profanierung und Ästhetisierung der herkömmlichen christlichen Ikonographie sowie die Verselbständigung der Linie, die sich zu einer nur der inneren Bildlogik folgenden, vom Gegenstand unabhängigen Form entwickelte. Besonders diese zunehmend abstrakte Funktion der Linie, die sich im klassizistischen Kontur ebenso artikuliert wie in der romantischen Arabeske, bindet beide Epochenenden gleichsam zusammen.

Der Umriss, die Linie sondern aus und isolieren; sie markieren die Grenze zum Chaos und Ungeregelten. Dem Klassizismus waren Sockel, Rahmen und Kontur, also Umriss unverzichtbar. Erst durch den Ausschluss des Zufälligen, Amorphen und Chaotischen gelangte die innere Organisation in erstrebter Reinheit an die Oberfläche. «Warum verschönert der Rahmen ein Gemälde», fragt Karl Philipp Moritz in seiner Abhandlung «Über Verzierungen», «als weil man es isolirt, aus dem Zusammenhang der umgebenden Dinge aussondert. (...) das Bild stellt etwas in sich Vollendetes dar; der Rahmen umgrenzt wieder das in sich vollendete.» Keine Schmuckform erlebte in dieser Zeit eine so unvergleichliche Konjunktur wie die Arabeske oder Groteske; sie wurde zum Favoriten der zeitgenössischen Ornamentästhetik schlechthin. Ihrer eigenen dynamischen und unbändigen Kraft, die an sich dem klassizistischen Ordnungsgedanken entgegenstand, wurde durch scharfe Konturierung jeder Grenzübertritt versagt. Die Einbildungskraft des Betrachters konnte sich, im abgezirkelten, umgrenzten Raum, im freien, wenn auch folgenlosen Spiel der Phantasie ergehen – auch jenseits der «hohen» Kunst. Moritz, der vielleicht folgenreichste Theoretiker des klassizistischen Ornaments, erkannte im «Streben nach Verzierung» jenen edlen «Trieb der Seele», «wodurch der Mensch sich von dem Tiere, das nur seine Bedürfnisse befriedigt, unterscheidet». Diese Überzeugung zog die Erweiterung des klassizistischen Formimperativs auch auf die angewandten Künste nach sich. Neben die vermeintliche Autonomie der Kunst trat die vollständige Erfassung des Lebensgefühls nach den Maximen der antiken Vorgaben. Moritz meinte, dass selbst in kunstwidrigen Zeiten, «wo Schönheit nicht mehr stattfindet», ersatzweise der «Trieb des Menschen nach Schönheit [...] wenigstens noch die Zierde anzubringen sucht».

Die Zeit, von der hier die Rede ist, wurde beherrscht von einem kulturellen Verlust – dem Ende einer unverständlich gewordenen christlichen Ikonographie und der Aufhebung ästhetisch überholter bildlicher Anordnungsprinzipien. Dieser Verlust ließ sich durch den «klassizistischen» Rückgriff auf Griechenland oder die «romantische» Aufrufung einer neuen Mythologie des Mittelalters nur temporär und vordergründig auffangen. Dagegen konvergierten beide «Strömungen» in der Zurückweisung des Imperativs, die Kunst müsste das Leben nachahmen, in der Anerkennung einer Autonomie der Kunst, in der Betonung der ästhetischen Bildung und in der Behauptung schöpferischer Individualität.

Von Goethe ist eine vielzitierte Bemerkung überliefert, wonach der Gegensatz von Klassik und Romantik als gleichsam unüberwindbar erscheint. Eckermann gegenüber erklärte er im Frühjahr 1829 gesprächsweise: «Mir ist ein neuer Ausdruck eingefallen [...], der das Verhältnis nicht übel bezeichnet. Das Klassische nenne ich das Gesunde, und das Romantische das Kranke.» Dabei ging es Goethe jedoch nicht um eine aktuelle Positionierung, sondern vielmehr um überzeitliche ästhetische Wertungsbegriffe, nach denen die *Nibelungen* als ebenso klassisch galten wie Homer: «[...] denn beide sind gesund und tüchtig. Das meiste Neuere ist nicht romantisch weil es neu, sondern weil es schwach, kränklich und krank ist, und das Alte ist nicht klassisch, weil es alt, sondern weil es stark, frisch, froh und gesund ist. Wenn wir nach solchen Qualitäten Klassisches und Romantisches unterscheiden, so werden wir bald im Reinen sein.» Diese späte polemische Äußerung, deren Wortwahl erst nach der unheilvollen Terminologie der nationalsozialistischen Kunstpropaganda so unerträglich erscheint, sollte aber nicht über die vielen Berührungspunkte hinwegtäuschen, die zumal Goethe, als Protagonisten des Klassischen schlechthin, mit der romantischen Kunst verbinden. Mit dem Kreis der Jenaer Frühromantiker um August Wilhelm Schlegel hat er eng kooperiert; der romantische Maler Philipp Otto Runge war sein Vertrauter in Sachen Farbenlehre; und auch das Verhältnis zu Caspar David Friedrich wird heute weit weniger antagonistisch betrachtet, als es eine vom Widerstreit der Epochen beseelte Kunstgeschichte lange wahrhaben wollte.

Versöhnlich und durchaus im Sinne einer nur partiell differierenden Sicht liest sich Goethes Bemerkung gegenüber Eckermann aus dem Jahr 1830: «Der Begriff von klassischer und romantischer Poesie, der jetzt über die ganze Welt geht und so viel Streit und Spaltungen verursacht [...], ist ursprünglich von mir und Schiller ausgegangen. Ich hatte in der Poesie die Maxime des objektiven Verfahrens, und wollte nur dieses gelten lassen. Schiller aber, der ganz subjektiv wirkte, hielt seine Art für die rechte [...] Die Schlegel ergriffen die Idee und trieben sie weiter, so dass sie sich denn jetzt über die ganze Welt ausgedehnt hat, und nun jedermann von Klassizismus und Romantizismus redet, woran vor funfzig Jahren niemand dachte.» Klassisch oder unklassisch, klassizistisch oder romantisch – diese Dichotomien haben in der Kunstgeschichte eine Zeit lang eine erhebliche Rolle gespielt und zu einem Ordnungssystem geführt, das der Vielfalt der Phänomene dieser Epoche und ihrer Wechselwirkung kaum gerecht werden konnte.

II. Das Jahrhundert Winckelmanns

Lehre und Überbietung der Antike

Keine Person hat die Wahrnehmung der Kunst und das Nachdenken und Schreiben über sie nach 1750 entscheidender beeinflusst als Johann Joachim Winckelmann, und das weit über den deutschsprachigen Raum hinaus. Schon mit seinem ersten Werk, den vielbeachteten «Gedanken über die Nachahmung der griechischen Werke in der Malerey und Bildhauerkunst» (1755), klagte er die normative Vorbildlichkeit der griechi-

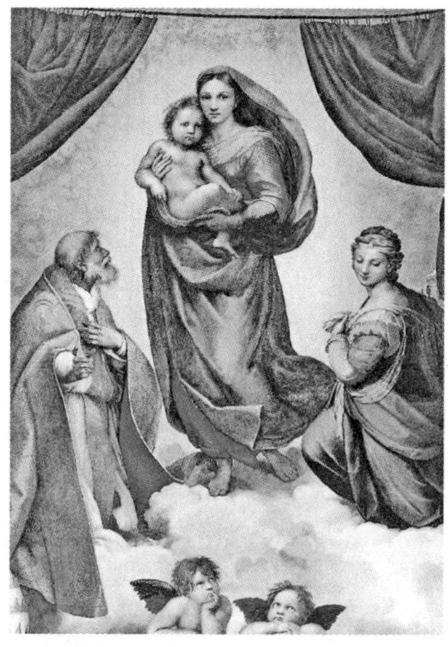

2 Raffael: Sixtinische Madonna, 1512/13, Dresden, Galerie Alte Meister

schen Kunst programmatisch ein. Dabei leitete ihn die Überzeugung, dass die Nachahmung der griechischen Kunstwerke jener der Natur vorzuziehen sei: «Der eintzige Weg für uns, groß, ja, wenn es möglich ist, unnachahmlich zu werden, ist die Nachahmung der Alten.» Unter «Nachahmung» begriff Winckelmann freilich nicht das bloße Kopieren antiker Kunstwerke. Vielmehr bezeichnet er damit eine Übernahme des Prinzips der Idealisierung. Winckelmann entwirft – gleichsam als Gegenstück zur eigenen Lebenswirklichkeit – das Bild einer menschlichen Idealwelt vollkommener Harmonie und Schönheit, ein utopisch verklärtes antikes Griechenland, in dem er klima- und milieutheoretisch die unübertroffen gebliebene griechische Kunst auf den dortigen Körperkult, die milde Witterung und nicht zuletzt die politische Freiheit zurückführt.

Zur Grundlage dieses am Beispiel der Kunst entwickelten Griechenlandbilds dienten weniger antike Kunstwerke selbst – die Winckelmann bis zu seiner Ankunft in Rom (1755), mit wenigen Ausnahmen wie etwa den Dresdner «Herkulanerinnen», auch kaum aus eigener Anschauung kennen konnte – als vielmehr die antiken Geschichtsschreiber Herodot und Pausanias, die Philosophen Platon und Aristoteles und die griechischen Dichter, namentlich Homer. Auch hat die italienische Kunsttheorie der Renaissance und des Barock (von Giorgio Vasari bis zu Giovanni Pietro Bellori) nicht weniger auf die Ausbildung von Winckelmanns Lehrgebäude eingewirkt als die französische und englische Kunstliteratur, darunter vor allem Jean-

Baptiste Dubos, der Comte de Caylus, Jonathan Richardson und Shaftesbury. Der Name Winckelmanns mag also zwar synonym für die Klassik in Deutschland stehen – er verweist aber zugleich auf eine polyglotte, europäische Kultur an der Schwelle zur Moderne.

Nicht zu unterschätzen ist der Umstand, dass Winckelmann die Idealität des Griechischen zum ersten Mal an einem Werk der Neuzeit exemplifiziert hat, der «Sixtinischen Madonna» des Raffael (Abb. 2). Somit huldigt die Gründungsschrift der Klassik jenem Künstler, der auch den Romantikern zum Leitbild geraten sollte – das künstlerische Repertoire, auf das beide «Parteien» immer wieder rekurrieren, ist enger umschrieben, als gemeinhin erwartet wird, und nicht selten identisch: «Sehet die Madonna mit einem Gesichte voll Unschuld und zugleich einer mehr als weiblichen Größe, in einer selig ruhigen Stellung, in derjenigen Stille, welche die Alten in den Bildern ihrer Gottheiten herrschen ließen. Wie groß und edel ist ihr ganzer Contour!»

Winckelmanns Lehrgebäude zeichnet ein spannungsvolles Ineinander von normativer Schönheit und geschichtlicher Kunstbetrachtung aus. In der später verfassten «Geschichte der Kunst des Alterthums» (1763) tritt der an die zeitgenössische Kunst gerichtete Nachahmungsimperativ in den Hintergrund. Mit seinem historischen Entwurf begründete Winckelmann vielmehr die stilgeschichtliche Kunstgeschichte, also die Historisierung und Verwissenschaftlichung der Kunstauffassung. Eingehende Betrachtung und Analyse, d. h. Autopsie und aufklärerische Empirie, ließen Winckelmann die antiken Kunstwerke nach vier Stilen historisch unterscheiden. Den Römern attestierte er, allenfalls Nachahmer gewesen zu sein, also keinen eigenen Stil ausgebildet zu haben. Der radikale Bruch mit dem barocken Klassizismus, der das antike Rom zu seinem Hauptort erkoren hatte, wird daran deutlich, dass Winckelmann an Rom selbst nichts Nachahmenswertes fand, weil es ja selbst aus Nachahmung bestand. Zwar wurde die «ewige Stadt» zu seinem eigentlichen Wirkungsort und sollte nicht zuletzt durch ihn zur ersten Metropole des Klassizismus werden. Rom stellte für Winckelmann aber nur ein Surrogat dar – dass er seine Kunstgeschichte des Altertums und sein Griechenideal fast ausschließlich am Beispiel römischer Kopien nach griechischen Originalen entwickelte, bestätigte ihn eher in dieser Einschätzung, als dass es sein System wirklich erschüttert hätte.

Zum kulturellen und künstlerischen Paradigma wurden Winckelmann hingegen Griechenland und die griechische Kunst, die er zum unerreichbaren Vorbild erhob, das alle bildenden Künste nicht nachzubilden, sondern dem sie sich gleichsam in einer inneren Haltung anzunähern hätten. Sein die Epoche beherrschendes Diktum «Edle Einfalt und stille Größe» formuliert für Winckelmann und seine Zeitgenossen die Zwillingsformel eines Ideals, das Körperliches und Geistig-Seelisches verband und die Schönheit zum Inbegriff körperlicher und sittlicher Vollkommenheit erklärte. Winckelmann verankert als Philologe und Historiker die griechische Kunst in der Geschichte. Damit sanktioniert er ihre Einmaligkeit und Unwiederholbarkeit, reaktiviert sie aber dennoch durch sinnliche Einfühlung und Beschreibung. Wenn Winckelmann in seinem Geschichtsentwurf von der Unwiederbringlichkeit der griechischen Kunst überzeugt war und also eine sentimentalische Reflexion mit gleichsam vorromantischen Zügen über das vergangene Schöne und Ideale anstellte, so ließ er dieses gleichwohl in konkurrierend schöner Kunstliteratur wiederaufleben und wurde dabei selbst zum Schöpfer des Kunstschönen. In seiner Beschreibung des «Torso vom Belvedere» wird von dem Verlust deutlich gesprochen:

> Wie aber werde ich dir denselben beschreiben, da er der schönsten und der bedeutendsten Teile der Natur beraubt ist! […] Kopf, Arme und Beine und das Oberste der Brust fehlen. Der erste Anblick wird dir vielleicht nichts als einen verunstalteten Stein entdecken; vermagst du aber in die Geheimnisse der Kunst einzudringen, so wirst du ein Wunder derselben erblicken […]. Alsdann wird dir Herkules wie mitten in all seinen Unternehmungen erscheinen, und der Held und der Gott werden in diesem Stücke zugleich sichtbar werden. […] Voller Betrübnis aber bleibe ich stehen, und so wie Psyche anfing, die Liebe zu beweinen, nachdem sie dieselbe kennengelernt, bejammere ich den unersetzlichen Schaden dieses Herkules, nachdem ich zur Einsicht der Schönheit des-

selben gelangt bin. Die Kunst weint zugleich mit mir, denn das Werk […] muss sie halb vernichtet und grausam gemisshandelt sehen. Wem wird hier nicht der Verlust so vieler hundert anderer Meisterstücke derselben zu Gemüte geführt! Aber die Kunst, welche uns weiter unterrichten will, ruft uns von diesen traurigen Überlegungen zurück und zeigt uns, wie viel noch aus dem Übriggebliebenen zu lernen ist und mit was für einem Auge es der Künstler ansehen müsse.

Es ist vor allem die literarisch verlebendigende, hermeneutisch vergegenwärtigende Prosa Winckelmanns, welche die antiken Bildwerke als Beweisstücke in die Kunstkritik und -theorie der Zeit eingeführt hat und die zugleich die Kunstliteratur auf eine gänzlich neue Stufe hob. Dabei bleibt es gänzlich unerheblich, dass Winckelmann sich in der Identifikation des Torso irrte – dieser ruht auf einem Panther- und nicht auf einem Löwenfell, was seine Deutung als Herkules ausschließt. Aber um einen Heros handelt es sich zweifellos und bei Winckelmanns Beschreibung um eines der aufschlussreichsten Beispiele für das Zeitbewusstsein von Verlust und Restitution. Die Kunst selbst, die gemeinsam mit dem Betrachter weint, ist es, die ihn und die zeitgenössischen Künstler dazu aufruft, in der Rekonstruktion des Verlorenen zu einem neuen Ideal zu finden.

Beschreibung als Verlebendigung

Weil es sich bei Winckelmanns Prosa um einen die Kunst im anderen Medium, dem der Literatur, überbietenden Gestus handelt, steht etwa seine Beschreibung des «Apoll vom Belvedere» (Abb. 3) gleichrangig neben den künstlerischen Werken seiner Zeit:

Die Statue des Apollo ist das höchste Ideal der Kunst unter allen Werken des Alterthums […] Über die Menschheit erhaben ist sein Gewächs, und sein Stand zeuget von der ihn erfüllenden Größe. Ein ewiger Frühling, wie in dem glücklichen Elysien, bekleidet die reizende Männlichkeit vollkommener Jahre mit gefälliger Jugend, und spielet mit sanften Zärtlichkeiten auf dem stolzen Gebäude seiner Glieder. […] hier ist nichts Sterbliches, noch was die Menschliche Dürftigkeit erfordert. Keine Adern noch Sehnen erhitzen und regen diesen Körper, sondern

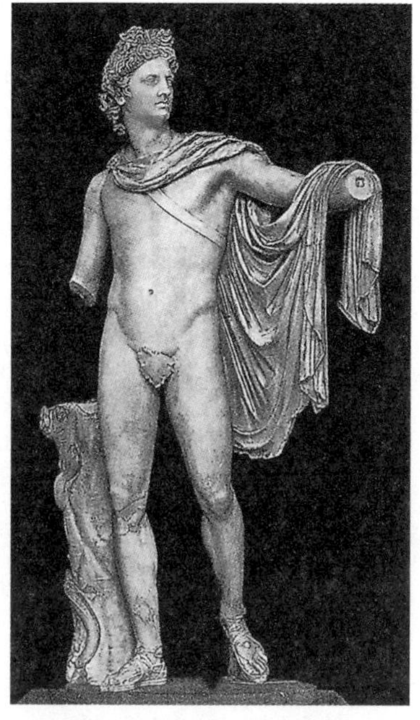

3 **Apoll vom Belvedere, römische Marmor-Kopie nach griechischem Bronze-Original, ca. 350–325 v. Chr., Vatikan, Antikensammlung**

ein Himmlischer Geist, der sich wie sanfter Strohm ergossen, hat gleichsam die ganze Umschreibung dieser Figur erfüllet. [...] Von der Höhe seiner Genugsamkeit geht sein erhabener Blick, wie ins Unendliche, weit über den Sieg hinaus: Verachtung sitzt auf seinen Lippen, und der Unmuth, welchen er in sich zieht, blähet sich in den Nüssen seiner Nase, und tritt bis in die stolze Stirn hinauf. Aber der Friede, welcher in einer seligen Stille auf derselben schwebet, bleibt ungestört, und sein Auge ist voll Süßigkeit, wie unter den Musen, die ihn zu umarmen suchen. [...] Sein weiches Haar spielet, wie die zarten und flüßigen Schlingen edler Weinreben, gleichsam von einer sanften Luft bewegt, um dieses göttliche Haupt: es scheint gesalbet mit dem Oel der Götter, und von den Gratien mit holder Pracht auf seinem Scheitel gebunden. Ich vergesse alles andere über dem Anblicke dieses Wunderwerks der Kunst, und ich nehme selbst einen erhabenen Stand an, um mit Würdigkeit anzuschauen. [...] und ich fühle mich weggerückt nach Delos und in die Lycischen Hayne, Orte, welche Apollo mit seiner Gegenwart beehrete: denn mein Bild scheint Leben und Bewegung zu bekommen, wie des Pygmalions Schönheit.

Dieser ganz eigene Beschreibungsstil, der sich in Verknappung und Verdichtung auch gegen die sprachliche Exaltiertheit des Barock richtet, wurde stilbildend für die europäische Klassik, und dies nicht allein in der Kunstliteratur. Ungeachtet der Fehler und Aporien Winckelmanns, die den Zeitgenossen durchaus bekannt und bewusst waren, hielten diese an seinem Griechenideal und seiner Schönheitslehre fest. Dabei entfaltete nicht der historisch belehrende Winckelmann die größte Wirkung, sondern vielmehr der bildende Charakter seiner Kunstdoktrin. Deshalb auch konnte Winckelmann für Goethe ungeachtet seiner überholten Ergebnisse im Detail noch immer als verbindlicher Autor gelten: «Man lernt nichts, wenn man ihn lieset, aber wird etwas» – so Goethe zu Eckermann.

Dass Winckelmann auch für den Kreis der Romantiker eben diese Bedeutung erlangen sollte, unterstützt die Interpretation von Klassik und Romantik als einer gemeinsamen Epoche. Der Philosoph des Idealismus Friedrich Wilhelm Joseph Schelling hat Winckelmanns Lehre und Erkenntnis hymnisch begrüßt, diese allerdings erst durch die namentlich von ihm selbst vorgenommene nähere Bestimmung des Verhältnisses der bildenden Künste zur Natur, in seiner eigenen Kunst- und Naturphilosophie wirklich eingelöst gesehen: «Er stand in erhabener Einsamkeit, wie ein Gebirg, durch seine ganze Zeit: kein antwortender Laut, keine Lebensregung, kein Pulsschlag im ganzen weiten Reich der Wissenschaft, der seinem Streben entgegenkam.» An die Stelle des äußeren Vorbilds der Kunst – Winckelmanns griechischen Kunstwerken – setzte Schelling das Kunstsymbol der Natur, der er einen eigenen «Kunsttrieb» zuschrieb. Aber gerade in seiner Anerkennung der – durch den Menschen und die Kunst geordneten – Natur erkannte er eine Wahlverwandtschaft zu Winckelmann. Tatsächlich gehen dessen Betrachtungen letztlich von der Kunst auf die Natur zurück, und als ein Kind des Zeitalters Rousseaus, glaubte Winckelmann an die Vollendung der Natur durch die Kunst. Zudem forderte der mit den romantischen Künstlern eng verkehrende Schelling ganz im Sinne Winckelmanns nicht das «Nachahmen», sondern sah «gleiches Streben» allein das Idealschöne erlangen.

Auch Wilhelm Wackenroders kunstpoetische Schrift «Herzensergießungen eines kunstliebenden Klosterbruders» (1797), der Gründungstext des religiös-romantischen Gegenentwurfs zum Klassizismus, ist nicht denkbar ohne Winckelmanns Anleitung zur «Empfindung des Schönen» und ohne dessen Prosa, an die sich Wackenroder in seinen Bildbeschreibungen oft genug unmittelbar anlehnt. Nur treten an die Stelle des von Winckelmann apodiktisch verklärten Griechenlands nun die christliche

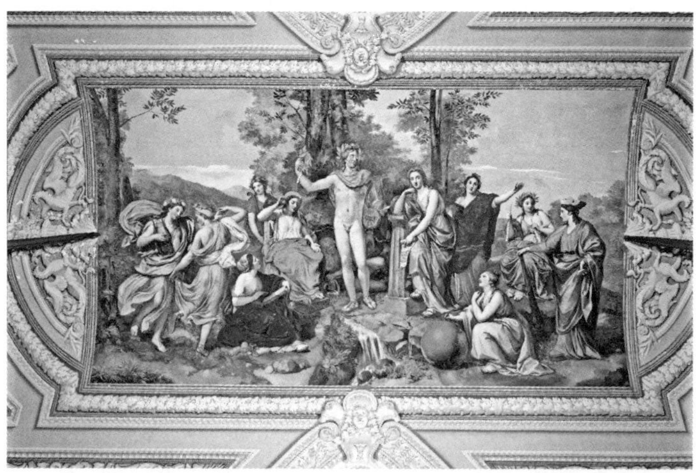

4 Anton Raphael Mengs: Apollo, Mnemosyne und die neun Musen, 1761, Rom, Galerie der Villa Albani, Deckenbild

Welt, die Werke der kanonischen Größen der älteren Kunst, namentlich Michelangelo und Raffael, sowie Dürer. Und die aufklärerischen Ideale einer Kunst als Medium religiöser Offenbarung sowie die weltbürgerliche Zielsetzung weichen einer religiös-nationalen Emphase. Wackenroders Text vermeidet zwar jede kunsttheoretische Präzisierung. Doch in der Betonung der andächtigen Hingabe, über die allein der verloren gegangene Kunstsinn wieder erweckt werden könne, und in der Beschwörung einer Kunst, die, einst im Dienst der Religion stehend, selbst zur Religion geworden ist, trifft er sich durchaus mit Winckelmann, welcher der Kunst eine ähnliche Wirkkraft zusprach.

Einholung des Altertums

Die theoretischen und praktischen Maximen des frühen Klassizismus verdichteten sich beispielhaft in einem Künstler der Epoche, im Werk von Anton Raphael Mengs, der, hierin Winckelmann vergleichbar, einen wahrhaft europäischen Wirkungsradius erlangte. Als Historienmaler geschult, in Dresden zum

Oberhofmaler befördert, war er seit den fünfziger Jahren des 18. Jahrhunderts dauerhaft in Rom ansässig, mit dazwischen liegenden ausgedehnten Aufenthalten an den Höfen von Madrid und Neapel. Der enge private und intellektuelle Umgang mit Winckelmann regte ihn zur Auseinandersetzung mit dem klassischen Schönheitsideal an. Sein epochales Deckenbild (1761) in der Galerie der Villa Albani in Rom (Abb. 4) legt davon ebenso Zeugnis ab wie seine 1762 auf Initiative Winckelmanns publizierte Schrift «Gedanken über die Schönheit und den Geschmack in der Malerei». In dem Fresko mit dem Titel «Apollo, Mnemosyne und die neun Musen» bricht Mengs bewusst mit der barocken Maltradition, indem er seiner Komposition einen handlungsarmen Charakter verleiht, mit additiv gereihten, statuarisch aufgefassten Figuren. Zudem verzichtet er gänzlich auf die perspektivischen Verkürzungen, durch die im Barock bei Deckenmalereien Real- und Bildraum illusionistisch miteinander verbunden wurden. Mengs' Fresko erscheint vielmehr wie ein nach oben projiziertes Tafelbild, gleichzeitig versucht der Künstler, dem von Winckelmann anhand von Skulptur und Reliefkunst rekonstruierten antiken Malstil nahe zu kommen. Winckelmann, der Mengs bei Entwurf und Ausführung beratend zur Seite gestanden haben dürfte, pries das Werk, indem er schrieb, ein schöneres sei «in allen neuen Zeiten nicht in der Mahlerey erschienen». Dabei muss man sich bewusst halten, dass den Zeitgenossen an antiker Malerei nur wenig vor Augen stand. Mit den Ausgrabungen von Herculaneum und Pompeji war gerade erst begonnen worden, und der erhaltene Bestand an antiker Malerei in Rom war verschwindend gering.

Umso mehr Aufmerksamkeit darf deshalb ein Werk von Mengs beanspruchen, das dieser 1759 als antikes Gemälde in Umlauf brachte, und in dem sich eine frühe klassizistische Interpretation antiker Bildkunst erhalten hat. Das «Jupiter und Ganymed» betitelte Werk (Abb. 8) wurde von Winckelmann bei seinem «Auftauchen» als «das schönste Gemälde» apostrophiert, «was jemals aus dem Altertume das Licht zu unseren Zeiten erblicket hat». Zweifel an seiner Echtheit wurden schon früh laut, und in Rom kursierte die Nachricht, Mengs habe auf dem Totenbett bekannt, der Urheber zu sein. Das Gemälde hat nicht einmal ein antikes Vorbild; unantik sind die Bekränzung Jupiters, die muschelförmige Lehne seines Thrones und die frontale Verzierung des Fußschemels. Ganz nach klassizistischem Geschmack dagegen erscheint die nahezu ungebrochene Stirn- und Nasenlinie des Ganymed. Dass es sich um eine eigens für Winckelmann hergestellte Antiquität handelte, legt das Sujet nahe, das auf dessen homoerotische Neigung anspielen dürfte. Zur Figur des Ganymed, die ihm die Vorzüge sowohl der ruhenden wie der agierenden Statue zu vereinen schien, bemerkte Winckelmann, dass dessen «ganzes Leben nichts anderes schiene als ein Kuß».

Die damaligen Zuschreibungsschwierigkeiten belegen, dass der Klassizismus für die Zeitgenossen nicht urteilssicher von der Antike zu unterscheiden war. Wenn aber auch für Kenner nicht mehr zu entscheiden war, ob ein alle begeisterndes Werk aus der Antike oder von der Hand des größten lebenden Malers stammte, dann kam der Fälschung ihre eigene Wahrheit zu, und der Idealzustand der modernen Kunst im Sinne Winckelmanns war erreicht. Dieser bemerkte – aufschlussreich genug – dass er nicht in der Lage sei, die Schönheit des Ganymed zu beschreiben: Dazu gehöre «der feine Pinsel und die Magie der Farbe [...] unseres Mengs».

Griechenkult

Neben dem «Apoll vom Belvedere» kommt der Laokoon-Gruppe (Abb. 5) unstreitig die größte Bedeutung im klassizistischen Kanon antiker Werke zu. Sie gilt seit ihrer Auffindung 1508 als Inbegriff der antiken Kunst und löste im Klassizismus die in theoretischer Hinsicht folgenreichste Debatte aus. Es handelt sich um eine um 30 v. Chr. entstandene, aus Plinius' «Naturalis historia» bekannte Marmorgruppe aus drei lebensgroß gestalteten Figuren, welche den trojanischen Priester Laokoon und seine beiden Söhne darstellen, die in lebhaft variierten Handlungsmotiven geschildert sind. Den klassizistischen Zeitgenossen stand die Figurengruppe noch mit dem ergänzten, weit ausgreifenden rechten Arm des Laokoon vor Augen; erst im 20. Jahrhundert wurde die Skulptur, nach Auffindung des ursprünglichen, angewinkelten Arms, originalgetreu wieder zusammengesetzt.

Gotthold Ephraim Lessing griff in seiner auf Winckelmanns Beschreibung der Gruppe reagierenden Schrift «Laokoon: Oder über die Grenzen der Malerei und Poesie» (1766) die alte Diskussion über die Beziehung der Künste untereinander auf. Dabei löste er die gängige Formel, wonach die Malerei stumme Dichtkunst und die Poesie redende Malerei sei, auf und bestand auf der Eigengesetzlichkeit der verschiedenen Kunstgattungen. Nach Lessing beruhte die besondere Wirkungsmacht der bildenden Kunst auf ihrer sinnlichen Anschaulichkeit, die sich aber erst in der Darstellung des «fruchtbaren Augenblicks» entfalte, in dem sich eine Geschichte konzentriert. Das gleichzeitige Nebeneinander der Figuren, die Arbeit der Kunst im Raum, verkehre freilich die bewegliche Natur in ihr Gegenteil und stelle sie auf Dauer; auch sei die bildende Kunst, dem Gebot der Schönheit unterstellt, gezwungen, auf die Darstellung extremer Affekte zu verzichten. Die Poesie dagegen könne in ihrer zeitlichen Form den Ausdruck des leidenden Laokoon mit aller Deutlichkeit beschreiben. Der bildenden Kunst kam demnach allenfalls zu, Gegenstände darzustellen, der Dichtung dagegen Handlung.

Bei der Frage nach dem «fruchtbaren Augenblick», wie sie in der Debatte um «Laokoon» diskutiert wurde, ging es um die moralische Intention und Wirkkraft des Kunstwerks; diese Frage hat die bildende Kunst in der Folgezeit bestimmt. Im ersten Heft der Zeitschrift «Propyläen» nahm Goethe auf die Diskussion Bezug und würdigte die Laokoon-Gruppe als Beispiel dafür, wie ein Kunstwerk sich auf den ersten Blick, in seinem Ganzen wie in seinen Teilen, selbst erklären könne. Die Gruppe war ihm und seinen Zeitgenossen ein Exemplum klassizistischer Werte, zumal in Hinsicht auf die anschauliche Bändigung aller Leidenschaft: «[...] wir dürfen kühnlich behaupten, dass dieses Kunstwerk seinen Gegenstand erschöpfe, und alle Kunstbedingungen glücklich erfülle. Es lehrt uns: dass, wenn der Meister ein Schönheitsgefühl ruhigen und einfachen Gegenständen einflössen kann, sich doch eigentlich dasselbe in seiner höchsten Energie und Würde zeige, wenn es bei Bildung mannigfacher Charaktere seine Kraft beweist, und die leidenschaftlichen Ausbrüche der menschlichen Natur, in der Kunstnachahmung, zu mässigen und zu bändigen versteht.» Das zumal am «Laokoon» sich herausbildende Kunstideal, das darauf zielte, die antiken Vorbilder nicht zu kopieren, sondern in glückender Anverwandlung in die eigene Zeit zu übertragen, verhalf dem Klassizismus zugleich zu einem Modernitätsanspruch, der sich in Goethes bekanntem Diktum aussprach: «Jeder sei auf seine Art ein Grieche! Aber er sei's.»

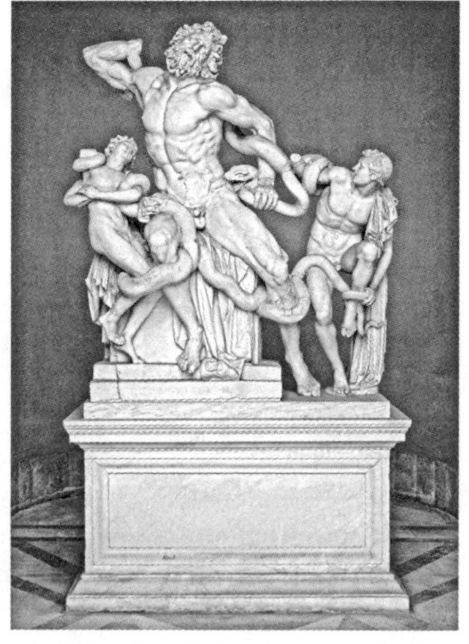

5 Laokoon-Gruppe, römische Marmor-Kopie nach griechischem Bronze-Original, ca. 200 v. Chr., Vatikan, Antikensammlung

Und doch offenbarte das «Griechentum» Goethes für die Zeitgenossen einen nicht zu überbrückenden Konflikt zwischen Vergangenheitsseligkeit und Jetztzeit. Nicht nur die Romantiker haben ihm nicht wirklich verziehen, dass er ein Grieche sein wollte. Der Berliner Bildhauer Johann Gottfried Schadow rief 1801 in der Zeitschrift «Eunomia» aus: «Das Lesen derjenigen seiner Werke, wo er [Goethe] selbst und Er nur allein spricht, erregt eine Stimmung, eine Schwärmerei, die ich beim Homer nie empfand. So muss es auch sein, und wie Homer die Essenz seines Zeitalters war, so ist Er die des Unsrigen. Homeride sein zu wollen wenn man Goethe ist! hätte ich doch die Macht, diese unverzeihliche Bescheidenheit zu verbieten!»

III. Paris versus Rom – Die Metropolen des Klassizismus

In Rom fand der Klassizismus seine erste Hauptstadt. Dazu trugen die Antikenfunde in der Stadt und im angrenzenden südlichen Italien ebenso bei, wie die wachsende Zahl von Sammlungen, vor allem die Einrichtung des Museo Clementino durch Papst Clemens XIV. Auch die Accademia di San Luca und die in Rom seit 1666 ansässige französische Akademie wirkten als frühe Zentren klassizistischer Lehre und Praxis. Wenn auch das Stadtbild weiterhin von einer Bautradition beherrscht blieb, die nur behutsam in strengere Regeln überführt wurde, so zog die Tiberstadt doch von überall künstlerische Kräfte an, die von hier aus die Kunst in sämtlichen Gattungen zu erneuern suchten. Wie stark freilich der zunehmende Griechenkult den Führungsanspruch dieser über Jahrhunderte unangefochtenen Kunstmetropole zu gefährden drohte, erweist sich exemplarisch an Giovanni Battista Piranesi, der die Vorrangstellung der römischen Antike nicht preisgeben wollte und nicht müde wurde, in seinen verschatteten archäologischen Traumlandschaften die verschüttete, nur scheinbar vergangene Kunst Roms wiederaufleben zu lassen. In seinen Architekturphantasien (Abb. 6) verstand er sich freilich zuletzt auf einen Eklektizismus, der auf der Gleichwertigkeit sämtlicher antiker Stilmuster beharrte.

Roms Führungsanspruch war aber mehr noch gefährdet durch den Einmarsch der napoleonischen Truppen und den bald einsetzenden Kunstraub, der Rom vorübergehend seiner bedeutendsten Kunstschätze verlustig gehen ließ. Hatte die Französische Revolution zunächst einen massiven Bildersturm ausgelöst, so setzte sich bald die Überzeugung durch, dass Kunstwerke an sich unschuldig und zu schützen seien – der erste Konvoi der von den Revolutionstruppen in den Niederlanden Mitte der 1790er Jahre «mitbefreiten» Kunstwerke

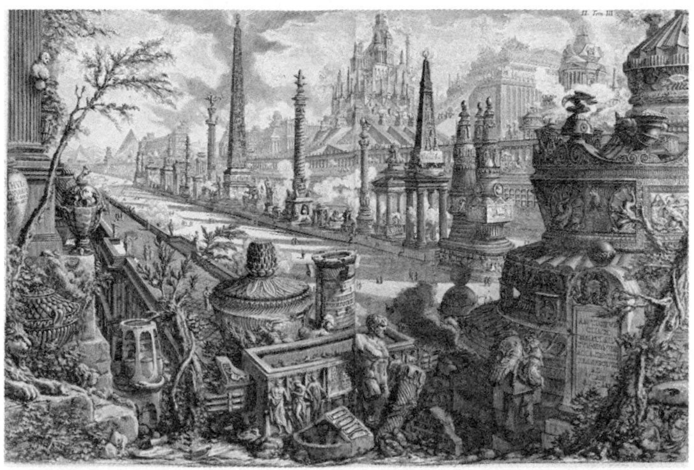

6 Giovanni Battista Piranesi: Zweites Frontispiz zu: Le Antichità Romane, Bd. 3, Rom 1756

wurde im «Vaterland der Künste und des Genies, der Freiheit und der Gleichheit» enthusiastisch begrüßt; ein Redner in der Nationalversammlung wünschte, die Werke von van Eyck, Rubens, van Dyck oder Gerard David würden «im Herzen der freien Völker [...] Ruhe finden».

Der 1803 in «Musée Napoléon» umbenannte Louvre geriet unter seinem Direktor Dominique Vivant Denon zum Schauhaus der im Laufe der napoleonischen Feldzüge zumal in Italien requirierten Kunst, vor allem der für die Bildung des Zeitgeschmacks unverzichtbaren antiken Bildwerke (Abb. 9). Aus der Außenperspektive rief der in Paris beförderte Antikenkult der Revolutionäre allerdings eine Skepsis hervor, die sich zur Zeit des *Directoire* und Napoleons noch erheblich steigern sollte. Die von den Franzosen selbst geprägte Formel «Paris – das moderne Rom» zog den durch Kunst und Gelehrsamkeit begründeten Vergleich von Paris mit dem antiken Rom. Doch dieser direkte Rückbezug auf das antike Rom als Modell, der schon unter den französischen Königen befördert worden war, erhielt im Laufe der Revolution und dann unter Napoleon eine entschieden zeitgenössische Prägung, welche die Antike um ihren erhabenen Geltungsanspruch bringen sollte. Indem die antiken Formen sich im politischen und ästhetischen Alltag bis hin zur Kleidermode verschlissen, haftete ihnen gelegentlich etwas Kurioses an. Die absolute Verschiedenheit des Antiken und des Modernen wurde an dem Versuch, «die Franzosen mit einem Zauberschlage in ein antikes Volk [zu] verwandeln» (so Friedrich Johann Lorenz Meyer 1797), umso evidenter.

Unangefochten davon aber bleibt, dass die in dieser Fülle und Qualität einzigartige Konzentration von öffentlich zugänglichen Kunstschätzen Paris zur Stadt der Kunst machte. Im Vergleich mit Rom avancierte Paris zur «Hauptstadt der europäischen Moderne», d. h. zu einem Ort, an dem sich Zeitgenossenschaft mit ästhetischer Erneuerung verband. Für Heinrich Heine war Paris ein «Pantheon der Lebenden» und damit der sinnliche Gegenort der idealistischen Ästhetik, die nach Hegels Worten ein «Pantheon der Kunst» darstellte. Paris behauptete sich als Ort des Neuen schlechthin; die Zukunft verließ Rom und band sich an Paris. Friedrich Schlegel hat das in einem Schreiben aus Paris in dem Vergleich von Italien als dem Land voller Ungleichzeitigkeit mit Frankreich als dem Land der Gleichzeitigkeit festgehalten. Der ästhetische Historismus blieb Rom zugewandt, der ästhetische Aktualismus suchte in Paris seine Heimat. So schrieb die Schriftstellerin und Salonière Rahel Varnhagen in einem Brief aus Paris am 25. September 1800: «Der Ort ist ungeheuer; unter jedem Gesichtspunkt und für mich, die übrige polizierte Welt *konzentriert.* Ebenso modern, angefüllt mit allen gewesenen Zeitaltern, die es zerbrochen und schwankend, zum allgemeinen Zergehen – wenn nicht Zerplatzen –, in sich hält.»

Paris wandelte sich so zum Sehnsuchtsort aller Kunstliebenden, wenn auch das Bewusstsein vorherrschte, dass das, «was Rom zu Rom macht, sich nicht in Kisten packen und durch Büffel nach Paris schleppen lässt» (so der Kunsttheoretiker Carl Ludwig Fernow). Die Berufung auf die Antike während der Revolution wurde mit der «Kunstplünderung» Italiens zur kulturpolitischen Realität. Paris lehrte den Widerspruch zwischen dem an Winckelmann ausgebildeten Ideal der Antike und dem

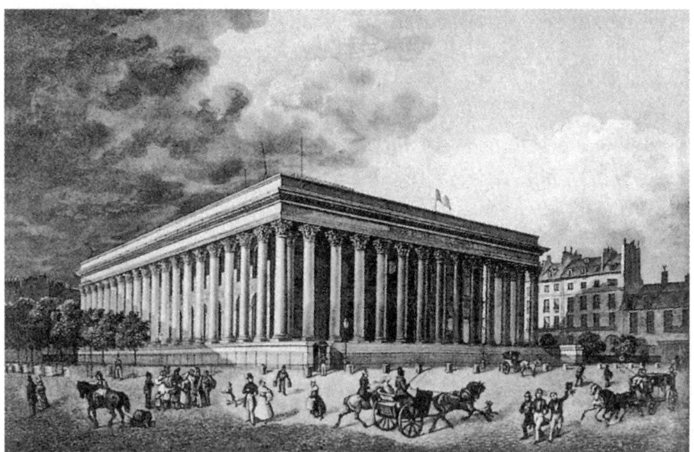

7 Alexandre Théodore Brongniart: Pariser Börse, Zustand von 1825, Stich

Antikischen in Paris, das in einer modernen Aktualisierung der Antike in der politischen Rhetorik, in den Festen, in der Mode und endlich in der Baukunst bestand.

Das Stadtbild von Paris war zu dieser Zeit freilich noch beherrscht von mittelalterlichen Strukturen und den isoliert aufragenden Monumenten des *Grand Siècle*, des Zeitalters Ludwigs XIV., allen voran der mächtigen Kolonnade an der Ostfront des Louvre. Ungebaut blieben die meisten Entwürfe der sogenannten Revolutionsarchitektur, die gleichwohl mit ihren Theorien und Phantasien entscheidend auf die Ausbildung der klassizistischen Architektur Einfluss nehmen sollte. Erst ab den 1830er Jahren sollte Paris unter dem aus Köln stammenden Architekten Jacques Ignace Hittorff und dann vollends im Zuge der städtebaulichen Eingriffe von Georges Eugène Haussmann zu einem geschlossenen, kohärenten Stadtbild finden.

In dem von Napoleon in Auftrag gegebenen Bau der Pariser Börse, der von Alexandre Théodore Brongniart entworfen und 1825 vollendet wurde (Abb. 7), artikulierte sich jedoch der neue Habitus schon exemplarisch auch im Baustil. Das Gebäude war als rechteckiger Tempel angelegt; über dem durchfensterten Sockel erhebt sich eine Säulenhalle mit korinthischen Säulen, den Abschluss bildet ein hoher Architrav. Diese Übernahme einer antiken, sakralen Bauform und ihre Verwendung für einen gegenwärtigen, profanen Zweck verfehlten ihre Wirkung nicht. Karl Friedrich Schinkel, der mit dem Alten Museum in Berlin etwa zur gleichen Zeit ebenfalls einen antikischen Tempelbau säkularisierte, nämlich für die Einrichtung einer Skulpturensammlung, hat den Bau während seines Paris-Besuchs 1826 intensiv studiert. Und Hegel rief angesichts der Pariser Börse befreit und enthusiastisch aus: «Welch ein Tempel!»

Vor allem aber entfalte der in Frankreich unter dem Begriff «Empirestil» sich etablierende Formenkanon im Interieur seine reinste Ausprägung, so etwa in der von Charles Percier und Pierre-François-Léonard Fontaine entworfenen Ausstattung des Schlosses La Malmaison. Sie verwandelte mit ihrem Mobiliar und dem Wandschmuck, unter starkem Einfluss der Entdeckungen in Pompeji, das von Napoleon und Joséphine bewohnte Landschloss zu einem Musterbeispiel des französischen Bezugs auf die Antike, namentlich auf das Rom der Caesaren. Rom und Paris – das waren die Gegenpole einer historisierenden und einer vergegenwärtigenden Antikensehnsucht, zwischen denen das gesamte Potenzial der zeitgenössischen Kunstpraxis verhandelt wurde. In der Innendekoration des Pariser Hôtel de Beauharnais (Abb. 10) sollte der französische Klassizismus, dem römisch-imperialen Gepränge mehr zugetan als der edlen Einfalt und der stillen Größe, seinen fulminanten Höhepunkt feiern.

IV. Malerei

Die neue Energie unter Jacques-Louis David

Rom und Paris sind auch die topographischen Pole des Malers Jacques-Louis David. In ihm hat diese Epoche, die eine «zerrissene» genannt worden ist, hat dieses «entzweite Jahrhundert» (Werner Hofmann), das sich von Mitte zu Mitte über zwei Jahr-

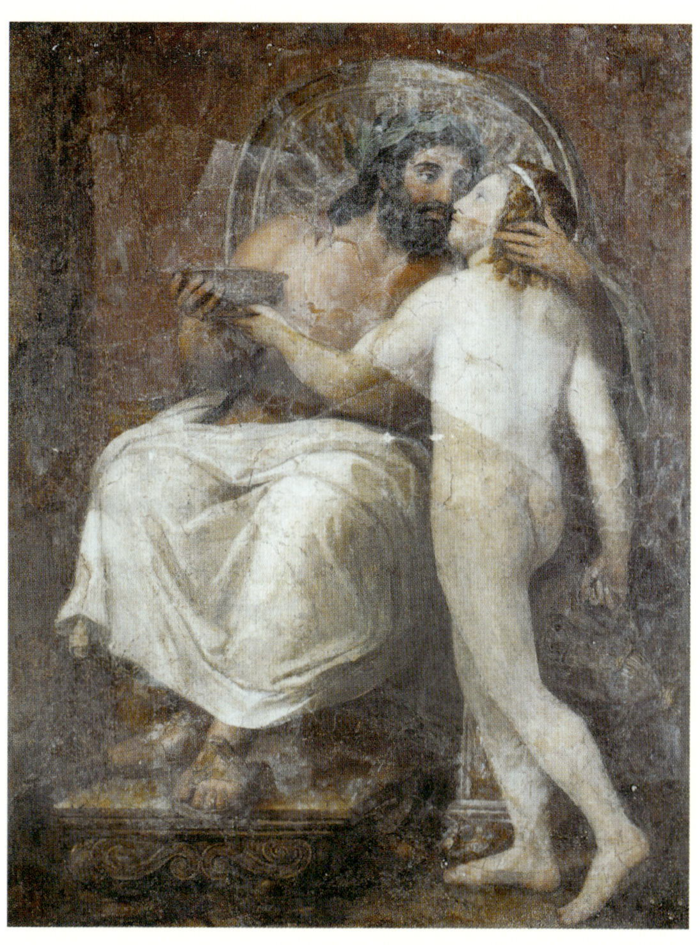

8 Anton Raphael Mengs: Jupiter und Ganymed, 1758/59, Rom, Galleria Nazionale d'Arte Antica, Palazzo Corsini

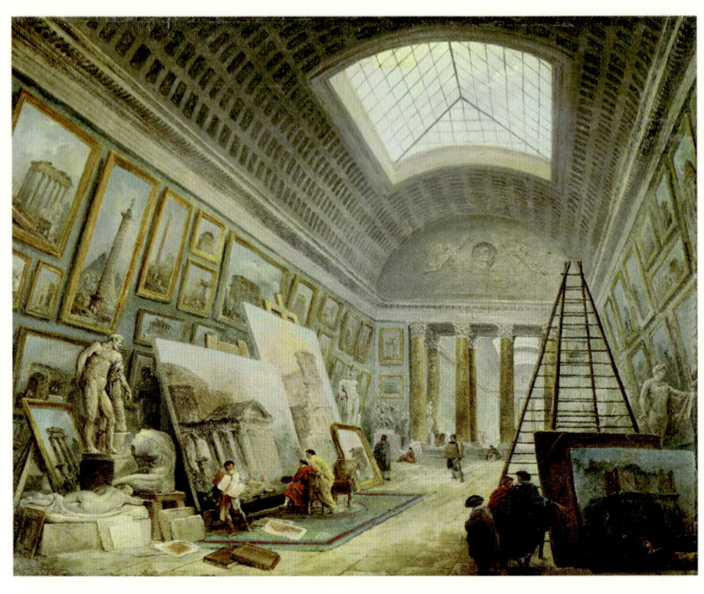

9 Hubert Robert: Vision einer Galerie mit römischen Gemälden und antiken Großplastiken, ca. 1789, Paris, Musée du Louvre

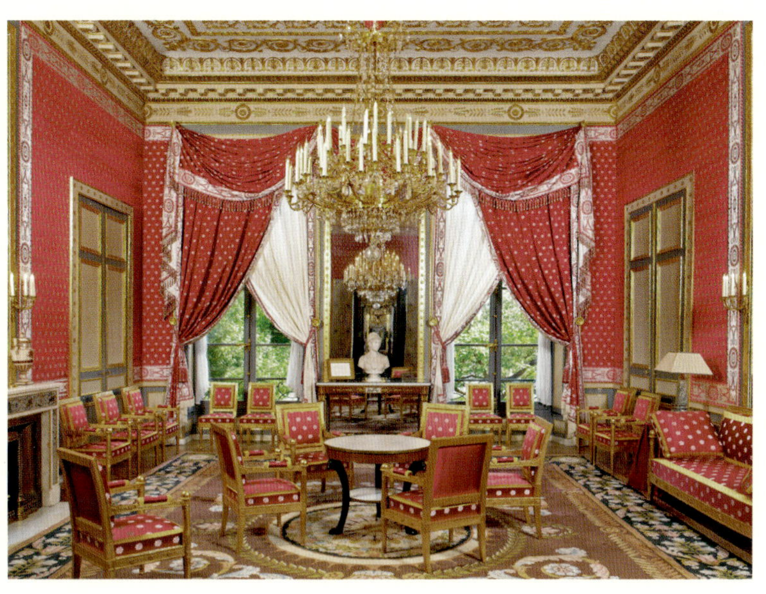

10 Hôtel de Beauharnais in Paris, Salon des Cérises, um 1814

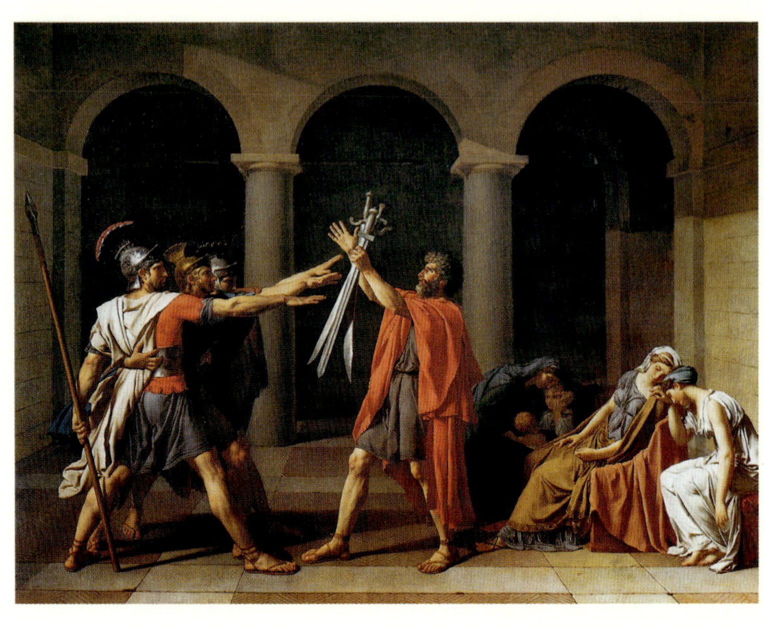

11 Jacques-Louis David: Der Schwur der Horatier, 1784, Paris, Musée du Louvre

hunderte legt, unstrittig seine auffälligste Verkörperung gefunden. Sein Werk, aber auch seine Karriere insgesamt sind geprägt von den ästhetischen und politischen Zeitläuften, die David in nicht geringem Maße selbst mitgeprägt hat.

Als Schüler von Joseph-Marie Vien war der Maler zunächst noch dem Formenvokabular des französischen Rokoko verpflichtet. Nach Erlangung des «Rompreises» gelangte er Mitte der 1770er Jahre im Süden mit der italienischen Tradition in nähere Berührung; dort hinterließ bei ihm auch die antike Malerei in Herculaneum und Pompeji einen besonders nachhaltigen Eindruck. Diese Erfahrung beförderte seine Lösung von der spätbarocken Tradition maßgeblich und ließ ihn einen Klassizismus entwickeln, der auf einem der Zeit gemäßen kennerschaftlichen Antikenstudium basierte und schulbildend werden sollte. Dabei eignete er sich die Antike ebenso sehr an, wie er sich von ihr abgrenzte.

David blieb zunächst durchaus noch im Dienst des Königtums und trug dazu bei, das ausklingende *Ancien Régime* durch die Beschwörung tugendhafter Vorbilder anschaulich zu unterstützen. Die Kunst der Zeit Ludwigs XVI. fand in David einen ebenso eloquenten wie treuen Propagandisten. Sein Gemälde «Belisar bittet um Almosen» von 1781 erzählt die Geschichte des in Ungnade gefallenen und auf Mitleid angewiesenen Heerführers von Kaiser Justinian als *Exemplum virtutis* und wertet die aus der christlichen Religion abgeleitete Caritas in eine Ethik der Gerechtigkeit schlechthin um. Dabei bedient er sich antiker Beispiele und Formen. Das Werk, das zu einem frühen *Salon*-Erfolg wurde, setzt noch einmal auf den hohen Ernst der Historienmalerei, kommt aber ohne die Exaltiertheiten der barocken Rhetorik aus. Gleichwohl setzt es die schon ältere Tradition der moralischen Belehrung fort, die auch eine der zentralen Forderungen der Französischen Revolution bleiben sollte.

Der 1784 während eines weiteren Romaufenthalts entstandene «Schwur der Horatier» (Abb. 11) sollte zum eigentlichen Schlüsselwerk des französischen Klassizismus, ja, der europäischen Malerei des ausgehenden 18. Jahrhunderts überhaupt werden. In seiner rigorosen formalen und moralischen Strenge, der Identität von Komposition und Aussage darf es als wahre Ikone der Epoche gelten. Das Gemälde erzählt die von Livius berichtete, im 7. Jahrhundert v. Chr. angesiedelte Geschichte der drei Söhne des Publius Horatius, die in einer modernen Version von Pierre Corneille in seinem Drama «Horace» 1782 auf die Pariser Bühnen gebracht worden war; David ließ sich von der 3. Szene des V. Aktes inspirieren. Es geht darin um den Kampf zwischen Rom und Alba Longa, der stellvertretend von jeweils drei Söhnen aus den Familien der Horatier und der Cutarier ausgetragen wurde. Der Kampf stellte die beiden Familien vor einen gewaltigen inneren Konflikt, da sie miteinander verschwägert waren. Das Gemetzel überlebte nur einer der Brüder, ein Horatier, der nach seiner Rückkunft seine um ihren Verlobten, einen Curatier, weinende Schwester Camilla der Vaterlandsverräterei beschuldigt und erschlägt.

David hat aus der Geschichte den für die Bildwirkung unverzichtbaren «fruchtbaren» Augenblick, den Moment des Schwurs der Horatier vor ihrem Vater, ausgewählt: eine Szene, die solcherart weder in der antiken Quelle noch bei Corneille beschrieben wird. Das Bild ist unterteilt in drei Einheiten, deren Mitte die Figur des Vaters bildet. Links gruppieren sich die Brüder zum Schwur, rechts verweisen die niedergesunkenen Frauen auf den tragischen Ausgang der Episode. Den Hintergrund bildet eine die Szenerie zusammenfassende, aus den Bildräumen der Frührenaissance bekannte Arkadenstellung, die weitgehend im Dunkeln gehalten bleibt und somit Abgründigkeit ebenso signalisiert wie ein antikes Ambiente.

Die Zeitgenossen warfen David vor, die Einheit der Handlung zu missachten, da er in der Darstellung der Schwestern und deren Haltung bereits auf das Ende vorgriff. David aber ging es um die Einheit der inneren Logik seines Bildentwurfs, in dem die drei narrativen Sequenzen ihr je eigenes Recht erhalten und durch die kompositorische Balance – auch und gerade durch einander entgegengesetzte Momente wie Bewegung und Erschöpfung, Vertikale und Horizontale, Hell und Dunkel – eine fesselnde Homogenität gewinnen. Der appellative Charakter des Bildes, die Aufforderung zum selbstlosen Einsatz, zu

Vaterlandsliebe und Verbrüderung, hat dazu geführt, dass das Gemälde bald als Manifest der dann einsetzenden politischen Umwälzungen gedeutet wurde – in weitgehender Loslösung des Werks aus seinem Kontext, denn schließlich entstand es im Auftrag des Ministers für schöne Künste unter Ludwig XVI. Unzweifelhaft aber hat es die Bildrhetorik der Malerei auf gänzlich neue Grundlagen gestellt, ja, sie geradezu umgewälzt. Der Sensationserfolg ließ das Atelier des Malers rasch zum Pilgerort von Künstlern aus allen Teilen Europas werden. «Man liest in der Geschichte der Kunst von keinem Gemälde, das mehr Geräusch erweckt hätte, als die Erscheinung von diesem. Nicht nur die Künstler, Liebhaber und Kenner, sondern selbst das Volk läuft truppweis von Morgen bis zum Abend herbey, es zu sehen [...] Keine Staatsangelegenheit des ältern Roms, und keine Pabstwahl des neuern, setzte je die Gemüther in eine grössere Bewegung» – vermeldete der «Teutsche Merkur» im August 1785 aus Rom. Und Johann Heinrich Wilhelm Tischbein schrieb: «Wenn je ein Bild Aufsehen gemacht hat, so war es dieses. Es war viele Tage hindurch wie eine Prozession! Fürsten und Fürstinnen fuhren hin, um es zu sehen, Kardinäle und Prälaten, Monsignori und Pfaffen, Bürger und Arbeitsleute, alle eilten hin. Da jeder Römer gewohnt ist, von Jugend auf Bilder in den Kirchen zu sehen, so bildet sich sein Geschmack. Nun kamen diese Leute in den Wirtshäusern zusammen. Der eine sagte: ‹Das Bild ist besser als Raffael›, der andere: ‹Es ist nichts gegen Raffael!› Bei der Erhitzung durch den Wein kam es zu Schlägereien und Dolchstichen.» Dass noch 1813, unter Anleitung Goethes, anlässlich des Geburtstags der Erbprinzessin Maria Pawlowna im Weimarer Schloss Davids «Schwur der Horatier» als lebendes Bild nachgestellt wurde, belegt die epochale Wirkung und das Nachleben des Gemäldes. Und wenn auch manchen Zeitgenossen das bühnenhafte Pathos aufstieß, so ist doch unbestreitbar, dass David mit seinem konzentrierten Bildaufbau und seiner ebenso sparsamen wir wirkungsvollen Rhetorik ganz dem Zeitgeschmack der «Simplicität» entsprach und darin einen nicht mehr hintergehbaren Maßstab setzte.

Dabei ist bemerkenswert, dass Jacques-Louis David, dessen Schülerzahl in die Hunderte ging – auch Gottlieb Schick zählte ab 1798 dazu –, keine unmittelbaren Nachahmer fand, sondern dass seine Bildfindungen sehr selektiv aufgenommen und weitergeführt wurden; Anne-Louis Girodet, François Gérard oder Antoine-Jean Gros fanden zu einer ganz eigenständigen, sich mit Davids Malduktus und Bildpolitik nur punktuell berührenden Stilart. Gewiss aber war es Jean-Auguste-Dominique Ingres, der eine Klassizität im Sinne Davids am wirkungsvollsten entfaltete. In seinen Porträts und seinen weiblichen Akten hat er die Umrisslinie des Klassizismus wiederholt virtuos in Szene gesetzt – insbesondere in seinen Odalisken und seinen Darstellungen badender Frauen (Abb. 14), in denen Zeichnung und Linie zusammen mit einer souverän eingesetzten Farbigkeit eine klassische Idealität aufscheinen lassen, die zugleich mit dem zeitgenössischen Geschmack korrespondierte. Der Linie kommt dabei eine Doppelfunktion zu: Sie bezeichnet den dargestellten Gegenstand und ist zugleich doch abstrakt auf die Flächigkeit des Gemäldes und seine Wirkmechanismen bezogen.

Ingres' «Apotheose Homers» von 1827 hingegen, eine vor einer griechischen Tempelfront aufgereihte Porträtversammlung exemplarischer Gestalten der Kunstgeschichte, die allesamt dem überzeitlichen Ideal antikischer Schönheit verpflichtet waren (Abb. 12), kann schon nicht mehr die Leblosigkeit und Starre verbergen, in die ein Beharren auf dem klassischen Ideal zuletzt führen musste und die sich im akademischen Gestus erschöpft. Das Gemälde gerät zum Schaubild einer Doktrin, der eine lebhafte Vergegenwärtigung kaum noch gelingt.

Zu den Bewunderern Davids und zu den regelmäßigen Besuchern seines römischen Ateliers an der Piazza del Popolo zählte auch der bereits zitierte, in Kassel ausgebildete Johann Heinrich Wilhelm Tischbein, ein Angehöriger der weitverzweigten Malerfamilie Tischbein, dem namentlich wegen seiner persönlichen Nähe zu Goethe gleichsam die Rolle eines klassizistischen Programmmalers zuwächst. Nach künstlerischen Lehrjahren in Kassel unternahm Tischbein ausgedehnte Studien in Rom, vor allem in den Jahren 1783–1787. Von einem Besuch bei David

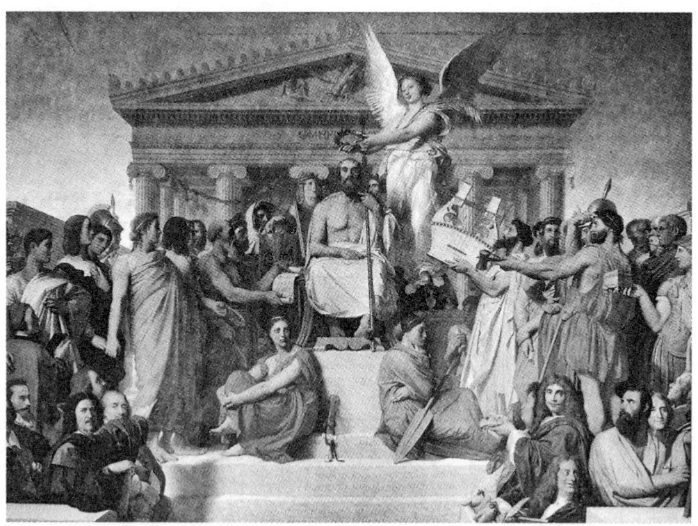

12 Jean-Auguste-Dominique Ingres: Apotheose Homers, 1827, Paris, Musée du Louvre

und der Betrachtung von dessen »Schwur der Horatier» berichtet er: «Ich ging mit ihm, und als ich es sah, ergriff mich ein eiskalter Schauer über den Ernst der schwörenden Söhne, indem der Vater ihnen die in die Höhe gehobenen Schwerter übergibt, zu siegen oder zu sterben! [...]»

Tischbein, der mit Goethe nach dessen Ankunft in Rom im Herbst 1786 zusammentraf und eine gemeinsame Wohnung bezog, hat insbesondere unter dessen Anregung versucht, von der «neuen Energie unter David» (Goethe) zu profitieren und auch die deutsche Malerei an den durch David und seine Schule verkörperten avanciertesten Tendenzen der Zeit teilhaben zu lassen. Ein von Tischbein unmittelbar unter dem Eindruck der «Horatier» für den Herzog von Gotha ganzfigurig angelegter «Hektor, der den Paris in Gegenwart der Helena auffordert», hat sich nicht erhalten. Unzweifelhaft aber darf Tischbeins nicht weniger von Davids Bildwelten inspiriertes Gemälde des «Brutus» (Abb. 13) als Versuch gelten, sich den Impetus der durch den

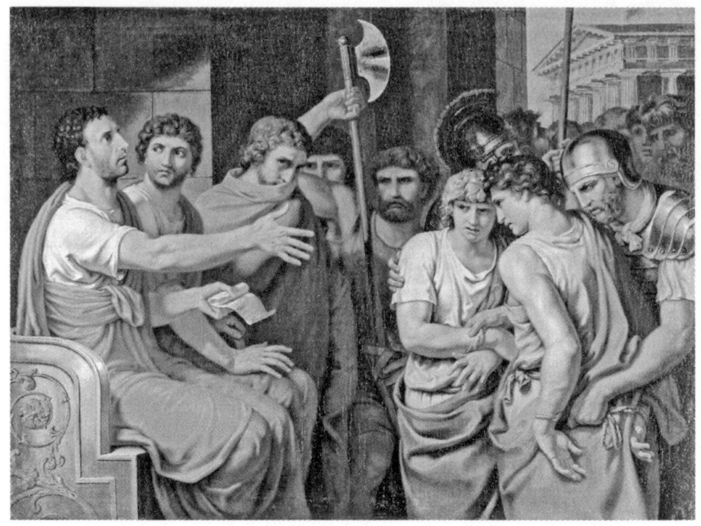

13 Johann Heinrich Wilhelm Tischbein: Brutus entdeckt die Namen seiner Söhne auf der Liste der Verschwörer und verurteilt sie zum Tode, nach 1783, Zürich, Kunsthaus

Franzosen so effektvoll erneuerten Historienmalerei anzueignen. Auch thematisch korrespondiert das wohl Anfang der achtziger Jahre in Rom entstandene Werk mit Davids späterem Gemälde «Die Liktoren bringen Brutus seine beiden toten Söhne» (1789).

Dargestellt ist eine von Plutarch und Titus Livius geschilderte Begebenheit aus der römischen Geschichte. Lucius Junius Brutus, der Befreier Roms von der tyrannischen Königsherrschaft und Konsul der Republik, musste entdecken, dass zu den Verschwörern, welche die Wiederherstellung des Königtums betrieben, auch seine Söhne zählten. Ohne Rücksicht auf die Familienbande und seine väterlichen Gefühle ließ er die beiden zu Tode verurteilen. Tischbein stellt die Szene dar, in der Brutus den Söhnen das Beweisstück, die Schriftrolle mit den Namen der Verschwörer, entgegenhält und mit weit ausgreifender Geste sein Urteil spricht. Umstanden wir die Gruppe von Zeugen und Schergen, die das Urteil als Ausweis unbeirrbaren Pflichtgefühls ebenso erschrocken wie bewundernd aufnehmen oder dieses auszuführen sich anschicken.

Tischbein wählte als Format die Lebensgröße bis zum Knie, was den Betrachter wie unmittelbar an der Szene teilnehmen lässt. Die gedrängte Zusammenstellung der Figuren könnte von antiken Reliefs oder Friesen beeinflusst sein. Der Maler, der wie David die Handlung bildparallel anlegt, belebt die Ansammlung durch ein abwechslungsreiches Spiel der Gesten und der Mimik. Zumal mit letzterer gibt er sich als Vertrauter der physiognomischen Lehren Johann Caspar Lavaters zu erkennen, welche die Epoche intellektuell zwar beschäftigten, aber in der Kunst weithin ohne Wirkung blieben. In diesem Gemälde freilich wird in den Gesichtern der Akteure das gesamte Spektrum menschlicher Leidenschaft entfaltet – wodurch die Handlung lesbar wird und sich gleichsam selbst ausspricht. Das Pathos der französischen Vorbilder Tischbeins ist nicht zuletzt in der Gestik manifest, die den plakativen Appell der Szene unterstützt. Dieses Gemälde, das Tischbein in seiner Autobiographie nur beiläufig erwähnt, ist erst Ende der 1980er Jahre auf dem Kunstmarkt aufgetaucht. Auch von der zeitgenössischen Rezeption ist keine Nachricht auf uns gekommen. Und doch handelt es sich bei Tischbeins «Brutus» durchaus um ein exemplarisches Werk der Zeit, das die Entwicklung der Historienmalerei hin zu einer zunehmend freien Wahl der Sujets ebenso wie zu einem freien Umgang mit der tradierten Ikonographie markiert; die Handlung wird auffallend stillgestellt und auf wenige Figuren konzentriert, und die Reflexion über den dargestellten Gegenstand erhält Vorrang über die Darstellung der Handlung.

Landschaft und Bildung

So eng sich Tischbein an die Europa von Rom aus erneuernde französische Malweise anlehnte – entscheidend war auch die Wirkung des in Rom seinerzeit besonders geschätzten David-Schülers Jean-Germain Drouais –, sein Manifestbild wurde nicht der «Brutus», sondern das Porträt «Johann Wolfgang Goethe in der römischen Campagna» (Abb. 15). Das Gemälde hält programmatisch Goethes «Wiedergeburt» aus der Begegnung mit der Kunst in Italien fest. Der Dichter selbst hat vom Beginn der Arbeiten an diesem Porträt in seiner «Italienischen Reise» berichtet: «Ich bemerkte wohl, daß Tischbein mich öfters aufmerksam betrachtete, und nun zeigt sich's, daß er mein Portrait zu malen gedenkt. Sein Entwurf ist fertig, er hat die Leinwand schon aufgespannt. Ich soll in Lebensgröße, als Reisender, in einen weißen Mantel gehüllt, in freier Luft, auf einem umgestürzten Obelisken sitzend, vorgestellt werden, die tief im Hintergrund liegenden Ruinen der Campagna di Roma überschauend.» Tischbein scheint diese von Goethe überlieferte, vielleicht auch eingeflüsterte Konzeption weitgehend unverändert beibehalten zu haben.

Der Dichter lagert, einem antiken Flussgott gleich, von einer «deutschen» Eiche hinterfangen, auf den Fragmenten eines umgestürzten Obelisken, seitlich eines antikisierenden Reliefs. Der Blick geht in die Ferne und signalisiert so die in klassischer Umgebung gesuchte Inspiration. Der merkwürdig entleerte Bildhintergrund zeigt die Ruinen eines Aquädukts und den antiken Rundbau des Grabes der Caecilia Metella, der hier vor dem Prospekt Tusculums und der Colli Albani erscheint und also aus seiner wirklichen Umgebung, unmittelbar vor den Toren Roms, isoliert wurde.

Das Gemälde sprengt allein schon in seinen Maßen den gängigen Rahmen eines Gelehrtenbildes. Die mit Efeu überwucherten Versatzstücke der Antike sind bewusst gesetzte Akzente, in denen das durch Winckelmann beförderte Antikenverständnis aufscheint. Sämtliche Epochen und Kunstlandschaften des Altertums sind hier aufgerufen: Ägypten ist durch den Obelisken repräsentiert, Griechenland durch das Basrelief mit der Darstellung einer Iphigenie-Szene, die auf ein zeitgenössisches Gemälde von Benjamin West zurückgeht und auf Goethes in Rom vollendetes Bühnenstück anspielt. Die römische Antike schließlich wird durch das seitlich platzierte Kompositkapitell evoziert, das in einer von links nach rechts gehenden Leserichtung den Abschluss der antiken Kunstentwicklung markiert. Goethe posiert, in arkadischer Verkleidung, auf den Trümmern einer zu ihrem Ende gekommenen Antike – auf ihnen sollte sich erst die Weimarer Klassik auftürmen. Er erscheint nicht nur als Dichter, sondern als Universaldenker. Und so wie Goethe im «Faust» den Gelehrten aus der Enge der Studierstube hinaustreten lässt, so tritt der «Wanderer auf dem Obelisk» – wie Goethe Tischbeins Gemälde betitelt hat – in die Weite der antiken Welt, die er sich durch Bildung aneignet. Einsamer aber ist selten jemand in einem Porträt erschienen, und nirgendwo sonst hat die an sich liebliche römische Campagna so verlassen wie eine Wüste dagelegen. Vielleicht ist nur Caspar David Friedrichs «Mönch am Meer» (Abb. 18) ein vergleichbarer Programmcharakter zu attestieren; beide Gemälde lassen sich als Pendants verstehen, in denen die den Menschen in Geschichte und Landschaft, zwischen Selbstbestimmtheit und Selbstverlorenheit, zwischen Süd und Nord verortende Malerei der Epoche ihren Ausdruck findet. Dass Tischbeins Bild Goethes italienische Erfahrung auch in ihrer ganzen Unvereinbarkeit mit der cisalpinen Lebens- und Kunstwirklichkeit präsentiert, geht aus Goethes Bemerkung in der «Italienischen Reise» hervor: «Es gibt ein schönes Bild, nur zu groß für unsere nordischen Wohnungen. Ich werde wohl wieder dort unterkriechen, das Portrait aber wird keinen Platz finden.»

Es zeichnet die klassizistische Auffassung des Landschaftsbilds aus, dass es darin nicht primär um die Wiedergabe von Stimmungen ging, sondern um ein den Gesetzen der immanenten Bildlogik gehorchendes Naturbild. Der Name Jakob Philipp Hackerts, in dem die Zeit ihren «Lorrain» feierte, steht prominent für diese Tendenz. Ausgebildet an der Berliner Akademie und in Paris, begab sich Hackert früh nach Italien, wo er für den neapolitanischen Hof arbeitete, zugleich aber von seinem Atelier aus den gesamten europäischen Adel belieferte. Hackerts kontinentale Betriebsamkeit und Karriere stehen stellvertretend für den die Epoche insgesamt kennzeichnenden Internationalismus.

Sein frühes Werk war, maßgeblich beeinflusst durch die niederländische Malerei des 17. Jahrhunderts, zunächst noch einem Ideal verpflichtet, das sich an die Wahrheit der Natur band und Hackert als Vedutenmaler ausweist, für den die Nachprüfbarkeit des Dargestellten entscheidend war – seine enorme Bildproduktion befriedigte den wachsenden Bedarf an Erinnerungsstücken der Absolventen der *Grand Tour*. Doch wandelt sich seine Landschaftsauffassung zusehends. In seinen späteren Werken orientierte er sich zunehmend an den Ideallandschaften des 17. Jahrhunderts, namentlich an Claude Lorrain, die ein unverrückbares Koordinatensystem aus gestaffelten Bildgründen und ein weitgehend konstantes Repertoire von Bildgegenständen etablierten. In Hackerts «Ideallandschaft mit einem Tempel aus Agrigent» (Abb. 16) durchfließt ein Fluss eine von Bergen im Bildhintergrund abgeschlossene Landschaft und reicht über einen in der Bildmitte sich ergießenden Wasserfall bis in den Vordergrund. In der rechten Bildhälfte ist eine Rinderherde platziert, die von zwei im Schatten einer mächtigen Eiche ruhenden Hirten flankiert wird. Die pastorale Szene wird von einem im Vordergrund gleichsam als Stillleben arrangierten Pflanzenbouquet ergänzt, das Hackert als virtuosen und sachkundigen Botaniker ebenso ausweist wie die Baumvariationen im linken Bildfeld. Hackerts Landschaftsauffassung erscheint in dieser Disposition als von der (englischen) Gartenästhetik der Zeit maßgeblich beeinflusst und setzt die Natur mit einer durch und durch gestalteten, sich aber wie unberührt gebenden Parklandschaft gleich. Die auf einer Anhöhe im linken Mittelgrund aufragende Tempelruine stellt den in der Zeit – auch von Hackert selbst – oft reproduzierten Junotempel von Agrigent dar, der hier zwar archäologisch korrekt wiedergegeben, aus seiner historischen Topographie aber herausgelöst ist. Als ein Versatzstück, das Geschichtlichkeit evoziert, wird er in die ideale Flusslandschaft integriert. Diese bietet sich insgesamt als eine zum Gedanken- und Wunschbild verwandelte Natur dar, die von der Wirklichkeit abgeschrieben und in die Gesetze des Bildlichen übertragen wurde.

Im 17. Jahrhundert konnte die Landschaftsmalerei mit Nicolas Poussin und Claude Lorrain ihren Rang innerhalb der klassischen Gattungshierarchie der Künste, wo sie lange genug auf die unteren Ränge verwiesen worden war, behaupten und steigern. Aber erst an der Epochenschwelle um 1800 kam ihr eine ganz neue Aufwertung zu, die sie auch zum theoretisch expansiv erprobten Terrain geraten ließ. Dennoch bildete auch für den Klassizismus noch immer der menschliche Körper den vorzüglichen Gegenstand, an dem das Ideale darzustellen war; seine künstlerische Priorität entsprach der in Aristoteles' «Poetik» festgeschriebenen Überzeugung, die Kunst habe «handelnde» Figuren zum Gegenstand zu wählen – einer Überzeugung, die der Historienmalerei über Jahrhunderte ihren unumstrittenen Rang gesichert hatte. Noch Lessing sollte in den Paralipomena zum «Laokoon» formulieren: «Der Ausdruck körperlicher Schönheit ist die Bestimmung der Malerei. [...] Die höchste körperliche Schönheit existiert nur in dem Menschen, und auch nur in diesem vermöge des Ideals. Dieses Ideal findet bei den Tieren schon weniger, in der vegetabilischen und leblosen Natur aber gar nicht statt. Dieses ist es, was dem Blumen- und Landschafts-Maler seinen Rang anweiset. Er ahmet Schönheiten nach, die keines Ideals fähig sind; er arbeitet also bloss mit dem Auge und mit der Hand; und das Genie hat an seinem Werke wenig oder gar keinen Anteil.» Auch Winckelmann trug mit seinen Bemerkungen über die in der Antike erst spät auftauchende Gattung der Landschaftsmalerei wenig zu deren Neuwürdigung bei, denn diese Verspätung machte sie in seinen Augen eindeutig defizitär.

Gegen solch rigide Abgrenzung opponierte aber insbesondere Christian Ludwig von Hagedorn, der in seinen «Betrachtungen über die Malerei» (1762) einen länderübergreifenden Überblick über die Entwicklung der Theorie der Malerei seit der Renaissance vorlegte. Hagedorn, der dem aufklärerischen Ziel verpflichtet war, Geschmack und Kritikfähigkeit seiner Leser zu verbessern, argumentierte dabei wirkungsästhetisch und im Einklang mit der von Jean-Baptiste Dubos und Alexander Gottlieb Baumgarten wissenschaftlich begründeten These, dass sich die sinnliche Wahrnehmung durch eine eigene Form von Erkenntnis auszeichne. Er schied die Gattungen weniger voneinander, als dass er nach dem Verbindenden zwischen den verschiedenen Künsten suchte. Hagedorn strebte nach Harmonisierung der äußeren, sichtbaren mit der inneren, empfundenen Natur und räumte, indem er besonders auf die Thesen des niederländischen Barockmalers und Theoretikers Gérard de Lairesse rekurrierte, der Landschaftsmalerei einen herausgehobenen, letzten Endes mit der Historienmalerei gleichrangigen Platz ein: «Sind nur rauschende Handlungen beträchtlich, und ist es für die Bestimmung unserer Seele zu niedrig, von der Unschuld des Landlebens die stille Empfindung mitzunehmen – oder diese Empfindung bey Betrachtung eines Gemäldes zu erneuern, das uns den schönsten Schauplatz der Natur zeigt?»

Auch Johann Gottfried Herder hat in seiner Schrift «Plastik» (1778), die auf einer strikten Trennung von Bildhauerei und Malerei beharrte, der Landschaftsmalerei gleichsam *ex negativo* zu gebührlicher Anerkennung verholfen:

Die Bildnerei arbeitet *in einander. Ein* lebendes *Werk* voll Seele, das da sei und daure. Schatten und Morgenrot, Blitz und Donner, Bach und Flamme kann sie nicht bilden, so wenig das die tastende Hand greifen kann; aber warum soll dies deshalb auch der Malerei versagt sein? Was hat diese für ein ander Gesetz, für andre Macht und Beruf, als die *grosse Tafel der Natur* mit all ihren *Erscheinungen*, in ihrer *grossen schönen Sichtbarkeit* zu schildern? Und mit welchem Zauber tut sies! [...] Die sind nicht klug, die die Landschaftsmalerei, die Naturstücke des grossen *Zusammenhanges* der Schöpfung verachten, herunter setzen [...] Ein Maler, und soll kein Maler sein? Ein Schilderer, und soll nicht schildern? Bildsäulen drechseln soll er mit dem Pinsel und mit seinen Farben geigen, wie's ihrem echten antiken Geschmacke behagt. Die Tafel der Schöpfung schildern, ist ihnen unedel; als ob nicht Himmel und Erde besser wäre und mehr auf sich hätte, als ein Krüppel, der zwischen ihnen schleicht, und dessen Konterfeiung mit Gewalt *einzige* würdige Malerei sein soll.

Und auch Goethe, der bei Jakob Philipp Hackert während seines römischen Aufenthalts Zeichenstunden genommen hatte und später eine «Biographische Skizze» des bedeutendsten Landschaftsmalers seiner Zeit verfassen sollte, propagierte – gemeinsam mit Heinrich Meyer und in deutlicher Abgrenzung zu Winckelmann – Landschaft als einen der Kunst durchaus angemessenen Gegenstand. In Meyers von Goethe stark beeinflusstem Aufsatz «Über die Gegenstände der bildenden Kunst» (1798) heißt es:

> Darstellungen, aus der belebten, sich bewegenden Natur üben ohne Zweifel mehr Macht über unsere Empfindungen aus und behaupten allerdings den Vorzug vor den Landschaften, die mit einer weit mässigern Wirkung zufrieden seyn müssen; sie sind aber dennoch gute, und brauchbare Gegenstände für die bildende Kunst, oder vielmehr ausschliesslich für die Mahlerey. Sie ruhen auf sich selbst, sind klar und keiner Zweydeutigkeit unterworfen. Überdies können sie auf die verschiedenste Weise behandelt werden, und sind durch Mannichfaltigkeit ihres Charakters fähig, unser Gemüth angenehm zu beschäftigen, zur Fröhlichkeit oder zum Ernst zu stimmen.

Caspar David Friedrich – Die schöne Stimmung

Durch die der Landschaftsmalerei von allen Seiten in besonderem Maße zugesprochene Fähigkeit, Gefühle auszudrücken und zu entfachen, stand diese sowohl mit den zeitgenössischen Tendenzen der Philosophie als auch mit den Positionen der Romantik in Einklang. Denn in der um die Mitte des 18. Jahrhunderts neugeborenen ästhetischen Theorie richtete sich das Interesse auf die Empfindung; und der Subjektivismus, der mit der Klassik aufgewertet und durch die Romantik noch verstärkt befördert wurde, fand in der Landschaftsmalerei seine vielleicht kongenialste Entsprechung. Obschon gerade die zeitgenössische Theorie der Landschaftsmalerei die Dichotomie von Klassik und Romantik gleichsam obsolet erscheinen lässt, wurde doch immer wieder gerade am Beispiel dieser Gattung versucht, die Unversöhnlichkeit beider Tendenzen zu beschreiben. Caspar David Friedrichs Gemälde «Das Kreuz im Gebirge», der sogenannte Tetschener Altar (Abb. 17), wurde unmittelbar nach seinem Entstehen, noch während man es in Friedrichs Atelier besichtigen konnte, zum Gegenstand eines hitzigen, in der Presse ausgetragenen Streits und hat die Epoche stark polarisiert. Der Kunstkritiker Friedrich Wilhelm Basilius von Ramdohr richtete gegen das Werk, das die Gräfin Theresia Maria von Thun-Hohenstein für ihre Hauskapelle im Schloss Tetschen ankaufen sollte, in der «Zeitung für die elegante Welt» Anfang 1809 eine heftige Attacke: «In der That, es ist eine wahre Anmassung, wenn die Landschaftsmalerei sich in die Kirche schleichen und auf Altäre kriechen will», lautete sein vielzitiertes Unbehagen. Ramdohr, dessen Auffassung vom Landschaftsbild von der Poussinschen Tradition geprägt war, warf dem Maler vor, die Regeln der Optik zu missachten, indem er auf die gewohnte Tiefenstaffelung der Landschaft verzichte. Die Landschaft in der Malerei müsse «durchaus mehrere Plane darstellen [...], an der sich die Wohlgestalt der Linienperspektive zeigen kann», und sie dürfe «kein Detail so ausdrücken [...], als ob es von dem Dufte der Luft entblösst in der Nähe gesehen werde». Diesen Grundsätzen habe Friedrich «recht absichtlich entgegengehandelt»: «Er hat den ganzen Grund seines Bildes mit einer einzigen Felsenspitze, ohne merkliche Andeutung von verschiedenen Flächen, wie mit einem Kegel angefüllt. Er hat alle Luftperspektive verbannt [...] gar keinen Standpunkt angenommen.» Der Berg erschien dem Kritiker zudem «silhouettenhaft platt und ohne alle Ründung», die Erdmasse stünde «im schreiendsten Kontrast mit dem lichten Himmel, ohne Übergang und Harmonie».

Nicht unwesentlich hat der von Friedrich selbst entworfene Bildrahmen, der von Palmwedeln gebildet wird und mit eucharistischen Symbolen sowie dem Auge Gottes geschmückt ist, Ramdohrs besondere Skepsis genährt. Dieser fand ihn «ohne alles Verhältnis zu dem Bilde» und sah darin die Grenze zwischen Landschafts- und Altarbild sich auflösen. Das Gemälde stellt unzweifelhaft ein religiöses Sujet dar; zusammen mit dem Rahmen betrachtet, verdichtet sich das Programm zu einer heilsgeschichtlichen Aufladung der Landschaft. Und doch wirken die Bildmotive des Gemäldes so, als besäßen sie ihr eigenes Recht. Auf der Bildfläche, die nach einem strengen Kalkül strukturiert und nach den Regeln des Goldenen Schnitts organisiert ist, sind die zentralen Fixpunkte der Darstellung auf der Horizontalen oder auf der Vertikalen angeordnet – etwa das dem Betrachter den Rücken zuwendende Kreuz oder der senkrecht nach oben weisende Strahl der hinter dem Fels verborgenen Sonne. Das solcherart als flächiges Koordinatensystem konstruierte Bild, das den in der Landschaftsmalerei sonst gewohnten visuellen «Zutritt» versperrt und den Betrachter auf Distanz hält, etabliert eine neue, primär ästhetische Ordnung, die sich an die Stelle des in seiner Verweiskraft erschütterten allegorischen Zusammenhangs der Bildgegenstände setzt. Vielleicht wurden die Motive des Rahmens, die wie Erläuterungen wirken und das Bild gleichsam erst sakralisieren, überhaupt erst aus diesem Grunde ergänzend hinzugefügt.

Tatsächlich hat man über den religiösen Bildgehalt keine Einigkeit herstellen können. Teils erkannte man in dem Gemälde die Gegenüberstellung von ewiger Natur und dem von Menschenhand gebildeten Kreuzessymbol, teils eine Absage an das konfessionelle Glaubensbekenntnis. Zuletzt wurde das Bild zur anschaubaren Transsubstantiation erklärt. Friedrich selbst deutete die hinter dem Gipfel versinkende Sonne als Sinnbild aller Zeitlosigkeit, als «Bild des ewigen allbelebenden Vaters» und das Kreuz als Symbol Jesu. Mit dieser Gegenüberstellung von Altem und Neuem Bund suggerierte der Maler eine heilsgeschichtliche Lesart. Ramdohrs Kritik war hellsichtig, insofern sie in dem Bild, bei aller religiösen Deutlichkeit, einen aufkeimenden Mystizismus zum Ausdruck kommen sah. Friedrich hat Glaube durch Landschaft ersetzt und dabei die Landschaft zur Ikone verwandelt, d. h. die empirische Welt in eine hieratische Ordnung überführt, die betrachtet, aber nicht betreten werden kann. Dass diese Ordnung aber primär eine bildliche, wenngleich religiös motivierte ist, lässt das Gemälde durchaus mit Positionen der zeitgenössischen Theorie der Landschaftsmalerei korrespondieren.

In Reaktion auf Ramdohrs Kritik bezeichnete Friedrich in einem Brief an Johannes Karl Hartwig Schulze die Kunst als den «Mittelpunkt der Welt», um den die Künstler im Kreise stünden. Daraus leitete er ab, dass zwei einander entgegengesetzte Künstler dasselbe Ziel anstreben könnten, und warf den Kunstrichtern vor, als Maß festzulegen, was sich tradiert habe, wo doch gerade die «Verschiedenheit der Gemüter» den Standpunkt der Künstler bestimme. Deshalb auch beharrte er auf der «wahren» und also edlen Wirkung, die sein Bild gemacht habe, und entgegnete der Argumentation Ramdohrs, eine «schöne Stimmung» im Betrachter auszulösen, sei die «erste Forderung eines Kunstwerks».

Noch einmal radikalisiert erscheint diese Haltung in Caspar David Friedrichs, als Pendants gedachten Gemälden «Der Mönch am Meer» (Abb. 18) und «Die Abtei im Eichwald» (Abb. 19). Im «Mönch am Meer» vollzieht Friedrich eine extreme Reduktion der Bildgegenstände: Das Bild zeigt nur den Strand, das bewegte Meer, einige Möwen und eine Rückenfigur. Es wird durch keine Motive gerahmt, ein Tiefenraum wird nicht entwickelt, dem Betrachter wird weder ein bestimmbarer Zugang gewährt noch eine eindeutige Position vor dem Bild zugewiesen. Heinrich von Kleist hat das in seiner berühmten Beschreibung des Gemäldes 1810 in den «Berliner Abendblättern» so formuliert: «[...] und da es, in seiner Einförmigkeit und Uferlosigkeit, nichts, als den Rahm, zum Vordergrund hat, so ist es, wenn man es betrachtet, als ob Einem die Augenlider weggeschnitten wären.»

Friedrichs Bild könnte zu einem Landschaftsgemälde etwa von Jakob Philipp Hackert in keinem größeren Kontrast stehen. Jede Organisation des Bildraums in gestaffelten Tiefenschichten, jede Rahmung etwa durch Baumgruppen, welche die dargestellte Szenerie im Vordergrund flankieren, jede pastorale Idylle oder sonstige Belebung der Natur ist hier vermieden. Friedrich tendiert beinahe schon zur Abstraktion, indem er den Gehalt des Bildes fast ausnahmslos durch die Form selbst ausdrückt. Eine strikte Horizontalität und die Linien von Strand und Wolkensaum, die sich wie die Äste einer Hyperbel zueinander verhalten, schaffen eine eigene, strenge Bildlogik, in der die Bildfläche über den Bildraum dominiert. Diese Bildlogik unterstreicht die Unbestimmtheit der Ferne noch, indem sie diese zur Bestimmtheit und materiellen Eindeutigkeit der Nähe in Kontrast setzt. Kleist hat die daraus resultierende beunruhigende Botschaft des Gemäldes in folgende Worte gefasst: «Nichts kann trauriger und unbehaglicher sein, als diese Stellung in der Welt: der einzige Lebensfunke im weiten Reiche des Todes, der einsame Mittelpunkt

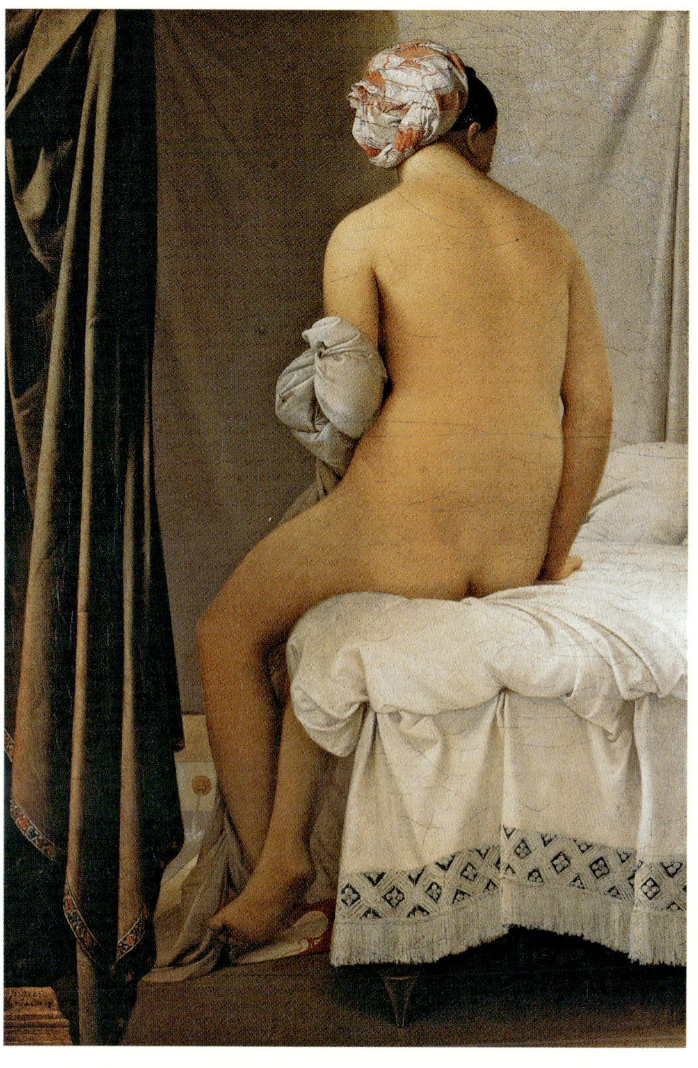

14 Jean-Auguste-Dominique Ingres: Badende von Valpinçon, 1808, Paris, Musée du Louvre

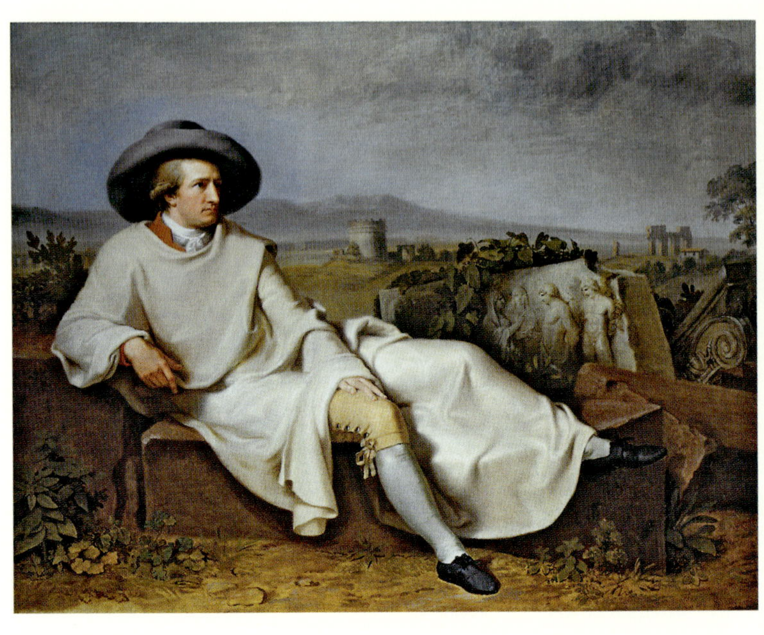

15 Johann Heinrich Wilhelm Tischbein: Johann Wolfgang Goethe in der römischen Campagna, 1786/87, Frankfurt a.M., Städel Museum

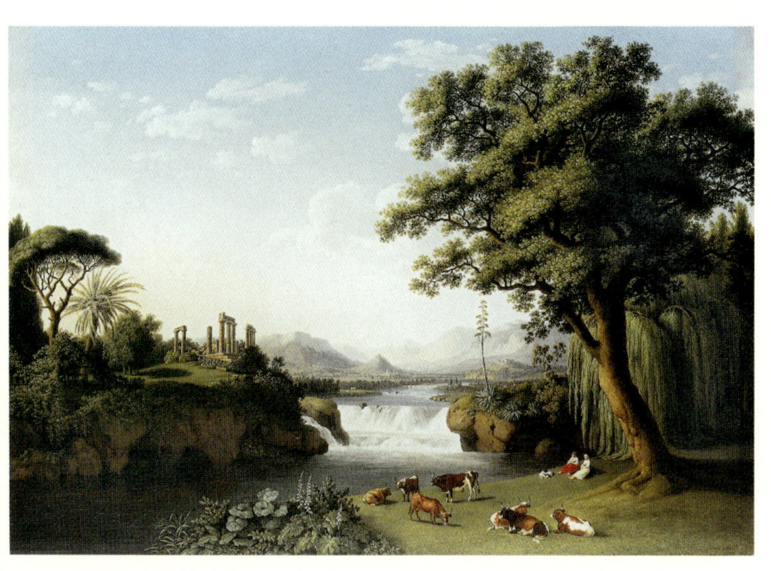

16 Jakob Philipp Hackert: Ideallandschaft mit einem Tempel aus Agrigent, 1794, Nürnberg, Germanisches Nationalmuseum

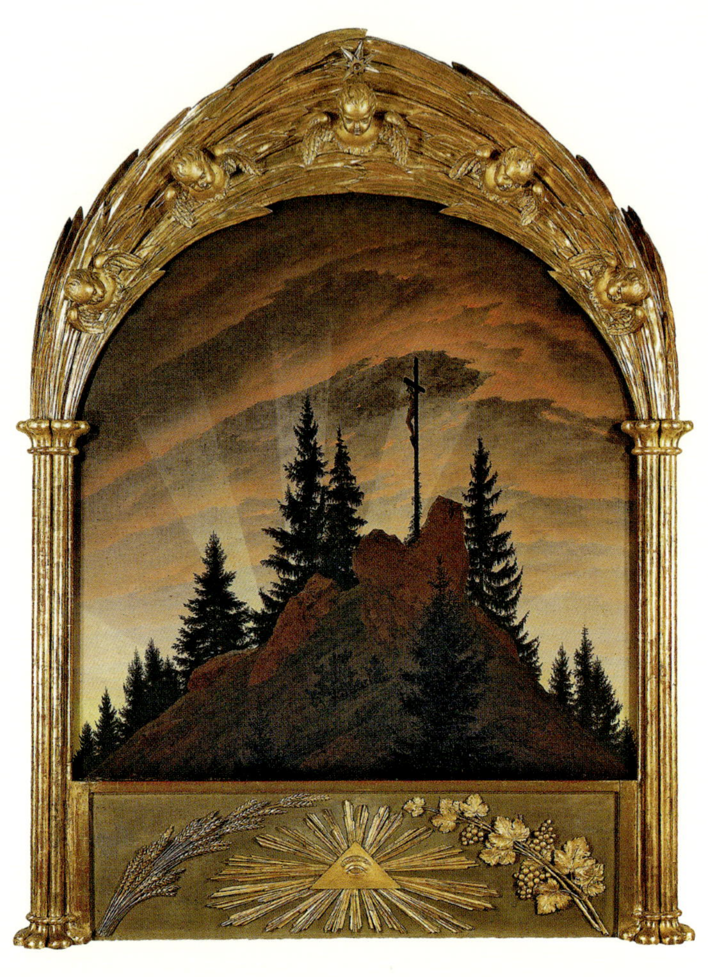

17 Caspar David Friedrich: Das Kreuz im Gebirge, sogenannter Tetschener Altar, 1807/08, Dresden, Gemäldegalerie Neue Meister

im einsamen Kreis. Das Bild liegt, mit seinen zwei oder drei geheimnisvollen Gegenständen, wie die Apokalypse da [...].»

Diese und andere zeitgenössische Reaktionen bezeugen, dass Friedrichs Abkehr von den tradierten Formen des Landschaftsbildes unmittelbar die beabsichtigte Wirkung erzielte. Mit der Haltlosigkeit der Figur im Bild korrespondiert die unsichere Position des Betrachters, der sich gleichwohl der Unermesslichkeit unausweichlich gegenübergestellt findet, so dass ihm, wie Kleist es formuliert hat, selbst das Schließen der Augen verwehrt bleibt. Das kommt auch einer Absage an die Theorie des Erhabenen gleich, die den Betrachter in sicherer Distanz zum Abgründigen hielt. Anstatt dem Betrachter visuellen Zutritt zu gewähren, greift Friedrichs Gemälde ihn unmittelbar physisch an. Achim von Arnim und Clemens Brentano haben bemerkt, dass das Bild mit seiner «unendlichen Einsamkeit» bewirke, «dass man hinüber möchte, dass man es nicht kann» und dass der Betrachter, auf sich zurückgeworfen, endlich selbst zum Mönch sich verwandle. Friedrichs Überzeugung war es, dass ein Bild nur andeuten, vor allem aber «geistig aufregen und der Phantasie Spielraum geben und lassen» müsse und dass es Auftrag des Künstlers sei, «in dem Beschauer Gedanken, Gefühle und Empfindungen zu erwecken, und wären sie auch nicht die seinen».

Das Pendantstück, die «Abtei im Eichwald», korrespondiert formal eher mit dem, was landläufig «romantisch» genannt zu werden pflegt: Man erblickt unter schwerem Schnee erstorbene Natur, schwarze große Eichen mitsamt ihren nackten, abgestorbenen Ästen, einen von Mönchen begleiteten Leichenzug, eine Klosterruine, ein Gräberfeld, Nebelschwaden: «Welch ein Bild des Todes ist diese Landschaft! Wie schauerlich, wie hoffnungsleer ohne den ewigen Stern der Liebe, der oben blinket!», notierte Johanna Schopenhauer, noch aus der Werkstatt des Künstlers, in einem Brief. Der Leichenzug belebt die Szene nicht, sondern ist darin statisch so verortet wie das Kreuzessymbol über den Gräbern. Die zentral platzierte Kirchenruine ist mehr als ein Stück Staffagearchitektur – sie ist die Protagonistin des Bildes.

Zwar weist das Gemälde im Vergleich zu seinem Pendant weit mehr Bildgegenstände auf; diese sind aber in strenger for-

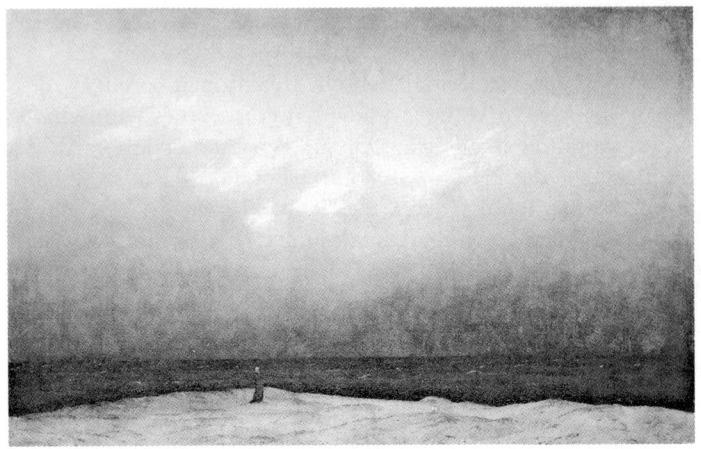

18 Caspar David Friedrich: Der Mönch am Meer, 1808–1810, Berlin, Alte Nationalgalerie

maler Entsprechung symmetrisch zueinander in der Fläche angeordnet. Auch hier bleibt der Hintergrund unerschlossen und wird zur unergründlichen Tiefe. Mit dieser korrespondiert dialektisch die lichte Himmelszone: Friedrich errichtet eine Bildarchitektur, die sich vom Dunkeln ins Helle, vom Schweren ins Leichte aufbaut; es scheint, als strebten die Bäume mit ihren entlaubten mäandernden Ästen danach, in die obere Region zu reichen. Das Maßwerk des Kirchenfensters unterstützt diese Lichtikonographie und überwindet die melancholische Wirkung der Ruine.

Zwei Arten der Gottsuche hat man in diesem Bildpaar erkennen wollen. Zugleich und vor allem aber artikulieren sich hier zwei Formen der Verweigerung gegenüber den zeitgenössischen ästhetischen Konventionen. Mit der Entgrenzung des Blicks im «Mönch am Meer» korreliert die symbolhafte Entrückung der Bildgegenstände in der «Abtei im Eichwald». In einem Briefkonzept hat Friedrich seine Absage an eine verstandesmäßig oder visuell beherrschbare Welt festgehalten; seine «Abtei im Eichwald» zeige, «was nur im Glauben gesehn, und erkannt

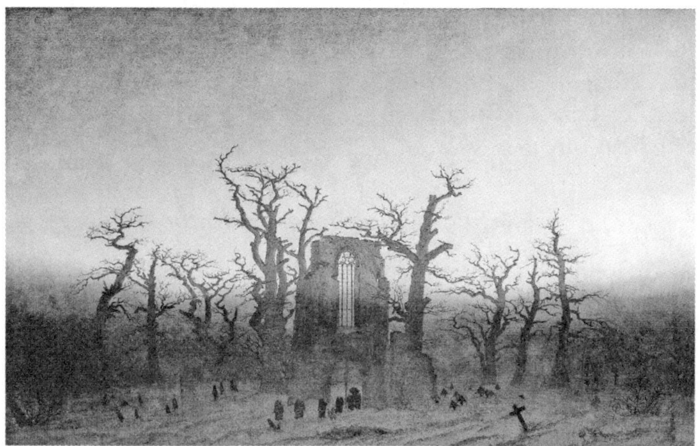

19 Caspar David Friedrich: Die Abtei im Eichwald, 1809/10, Berlin, Alte Nationalgalerie

werden kann, und dem endlichen Wissen der Menschen ewig ein Rätsel bleiben wird».

Den aufgeklärten Klassizisten musste eine solche Haltung freilich suspekt bleiben. Immerhin aber notierte Goethe anlässlich eines Besuchs bei Friedrich in Dresden 1810 in sein Tagebuch: «Zu Friedrich. Dessen wunderbare Landschaften. Ein Nebelkirchhof, ein offnes Meer.» Zugleich aber warf er der Kunst seiner Zeit «bei vielem Verdienst und Vorzug» große Verkehrtheit vor und meinte, zumal Friedrichs Bilder könnten «ebensogut auf dem Kopf gesehen werden». Diese Äußerungen haben stets Anlass zur Polarisierung und zu der Behauptung gegeben, die klassizistische und die romantische Auffassung des Landschaftsbildes seien nicht miteinander zu versöhnen. Dabei ist gerade der von Friedrich so prominent eingeführte bildreflexive Charakter – der Maler verhindert den Eintritt ins Bild, um dessen Bildlichkeit nicht zu verleugnen – geeignet, die bildtheoretischen Positionen beider Seiten einander anzunähern. Beiden geht es um die Erkundung der Bedingungen und der Möglichkeiten von Bildlichkeit am Beispiel der Landschaft. Und ob nicht auch ein auf dem Kopf gesehenes Landschaftsbild – Goethe hat Friedrichs Modernität wohl erkannt – Aufschluss über die Bedingungen und weiteren Potenziale der Malerei, nicht allein der Landschaftsmalerei, gibt, lässt Goethes Formulierung durchaus offen.

Flüchtigkeit und Dauer der Natur

Auch John Constables Landschaftsbilder stehen für mehr als für reine Gefühlsemanationen, wenngleich der Maler mit dem Satz berühmt geworden ist: «Painting is but another word for feeling.» Constable, dessen Naturbeobachtung empirisch verfuhr und der die Darstellung der Landschaft immer mit deren unmittelbarer Wahrnehmung in ein Korrespondenzverhältnis setzte (Abb. 23), verhandelt, darin Caspar David Friedrich verwandt, in der Landschaftsmalerei die Möglichkeiten des Bildlichen schlechthin. Bei aller augenscheinlichen Naturtreue zeichnet ihn aus, dass er die subjektive Empfindung und Einbildungskraft als deren unverzichtbare Voraussetzung begreift. Auch bei ihm ist die äußere Form Ausdrucksträger des Innerlichen, wobei er der Feinmalerei und dem klassizistischen Primat der Linie abschwor und ganz auf die Farbmalerei setzte, zumal ihm in besonderem Maße an der Darstellung von Lichtfülle und Helligkeit lag. Constables Virtuosität, die den skizzenhaften Charakter noch im ausgeführten Ölbild beibehielt und folgenreich in die Malerei einführte – Eugène Delacroix sollte sich maßgeblich durch Constable zu einer fluiden Malerei ermutigt fühlen –, reagierte auf die Flüchtigkeit des Augenblicks und ließ die Empfindung des Malers ebenso anschaulich werden wie sein Tun; seine Bildoberflächen, momentane Offenbarungen der Natur, weisen sinnliche Spuren von beidem auf. Dass Constable sich, einer Tendenz seiner Zeit folgend, zunehmend den Wolken als bildwürdigem Gegenstand zuwandte, ist dabei nur konsequent. Er gehörte, noch vor Friedrich oder Carl Blechen, zu den ersten, der sie vom Aquarell in das Format des Ölbildes überführten. Die Zufälligkeiten der Wolkenformationen, ihr ständiger Wechsel und ihre Vergänglichkeit entsprachen der romantischen

Sehnsucht; zugleich aber stellten sie den Maler vor die neue künstlerische Herausforderung, dem Formlosen einen ästhetischen Wert zu geben.

Dabei ist es durchaus problematisch, Constable unter dem Begriff der Romantik zu rubrizieren, der sich im Englischen für die Bildkünste ohnehin nicht durchgesetzt hat. Schon Joseph Mallord William Turner vertrat eine gänzlich verschiedene künstlerische Position. Blieb Constable bei allem Vibrieren seiner Oberflächen dem Abbild der Natur weitgehend treu, so wurde bei Turner die Auflösung der konturierten Landschaft zum beherrschenden Motiv. Constable hatte zwar bereits die Prinzipien der Wasserfarbenmalerei in die Ölmalerei übertragen; Turner jedoch verlieh dem Ölbild vollends die schwebende Leichtigkeit des Aquarells. Man hat ihn als Farbmystiker apostrophiert, der den Eigenwert der Farbe einklagte, wobei er diese nicht wissenschaftlich zu systematisieren suchte wie Goethe, dessen «Farbenlehre» Turner um 1843 gleichwohl zu einem Bildpaar anregte («Licht und Farbe» und «Schatten und Dunkel»). Turner strebte vielmehr nach atmosphärischer Dichte, die in völliger Formauflösung von der Welt erzählt und diese in kosmische Immaterialität verwandelt.

Turner war es auch, der nicht nur die Bewegung der Natur, sondern auch jene der Maschinen zum eigenständigen Bildmotiv wählte. In seinem Gemälde «Regen, Dampf, Schnelligkeit – The Great Western Railway» (Abb. 24) kulminiert eine Dynamik der Farben und Formen, die wie verselbstständigt wirkt und die doch zugleich ganz der Pflicht gehorcht, das Zeitalter der technischen Revolution abzubilden. In dem diffus erscheinenden Strudel gelingt es dem Betrachter erst nach und nach, Himmelszone und Landschaft zu unterscheiden. Aber Turner geht es weniger darum, die nur angedeutete Brücke von Maidenhead oder sonstige topographische Besonderheiten eindeutig zu identifizieren. Sein Ziel ist vielmehr, die Dynamik des dahinschießenden Zuges einzufangen und diese mit der natürlichen Bewegung des windgepeitschten Regens aufeinandertreffen zu lassen. Der Habitus der mit nachvollziehbarer Wucht und Schnelligkeit aufgetragenen Malerei entspricht dabei dem Bildthema; Materie, Energie und Kraft verschmelzen in einem Prozess, in dem sie sich wechselseitig antreiben. Dabei verklärt das Bild das Industriezeitalter, zu dessen Ikone es ausgerufen worden ist, keineswegs. Es reagiert vielmehr auf die sich beschleunigende Gegenwart in einem sich kongenial gebärdenden Gestus.

Auf Welthaltigkeit spekuliert auch die Malerei Philipp Otto Runges, der 1802 in einem Brief an seinen Bruder Daniel bemerkte: «Entsteht nicht ein Kunstwerk nur in dem Moment, wann ich deutlich einen Zusammenhang mit dem Universum vernehme?» Runge bemühte sich in besonderem Maße um die Farbtheorie, aufgezeichnet in seinem Traktat «Die Farbenkugel» (1809). Darin erkennt er in den Farben das Gleichnis eines natürlichen Einheitsprinzips – worin er mit Goethe übereinstimmte, der in Runge auf dem Gebiet der Farbentheorie seinen vielleicht treuesten Verbündeten fand. Runges Schrift sucht die Zeigefähigkeit der Farben im Zusammenhang einer kosmisch-universellen Ordnung zu ergründen. In seinem Programmbild «Der große Morgen» (Abb. 22) findet diese Ordnung ihren Ausdruck in einer streng symmetrisch komponierten Allegorie auf das zyklische Werden und Vergehen in der Natur. Runge war erfüllt von einer empfindsamen Naturwahrnehmung, wie sie sich in Ludwig Tiecks epochemachendem Künstlerroman «Franz Sternbalds Wanderungen» (1798) besonders wirkungsvoll artikuliert hatte: «Nicht diese Pflanzen, nicht die Berge will ich abschreiben, sondern mein Gemüt, meine Stimmung, die mich gerade in diesem Moment regiert, will ich mir selber festhalten, und den übrigen Verständigen mitteilen.» Runge war bestrebt, eine umfassende Idee von der Einheit der Natur, der Menschen und Pflanzen abzubilden und nicht die Natur selbst. Seine «Landschaftsbilder» sind philosophisch inspirierte, allegorische Programme, ein wirkliches Konstrukt, und zugleich selbstbewusste Bilder. Der «Große Morgen», der als Entwurf für ein nicht ausgeführtes Wandbild diente und Teil von Runges «Tageszeiten»-Zyklus ist, geht formal auf die Gliederungsstruktur der pompejianischen Wandmalerei zurück. Schon früh plante Runge die Ausführung seiner «Zeiten» in einer Folge von vier monumentalen Gemälden und hatte zu deren Anbringung zeitweise sogar die Errichtung eines kapellenartigen Gebäudes in Hamburg in Erwägung gezogen. Dazu wünschte er sich «eine abstrakte malerische phantastisch-musikalische Dichtung mit Chören». Eine solche synästhetische Verschmelzung von Malerei, Architektur und Musik – sie präludiert das Konzept des Gesamtkunstwerks – hätte den umfassenden kosmologischen Anspruch von Runges Landschaftskunst noch unterstrichen.

In der zentralen Achse des «Großen Morgens» erscheint Aurora, die Personifikation der Morgenröte, deren Auftreten durch eine subtil abgestufte Licht- und Farbsymbolik begleitet wird. Ganz wie die Muttergottes in Raffaels «Sixtinischer Madonna» (Abb. 2) schwebt die Lichtbringerin – sie ist Aurora und Venus zugleich – als Epiphanie vom Himmel herab und betritt den von ihr erhellten Bildraum, an dessen vorderer Begrenzung ein Kind liegt. Dieses symbolisiert, in der gängigen Haltung des Christusknaben, die Neugeburt der Erde bei jedem Sonnenaufgang. In der oberen, von Engelsfiguren bevölkerten Bildhälfte verglimmt zugleich der Abendstern. Runge stellt hier nicht wie Friedrich einen Kontrast zwischen den horizontalen Bildhälften her, vielmehr versucht er, in einem nun auch nach hinten geöffneten Bildraum das transitorische Moment durch feinste Farbabstufungen zu versinnbildlichen. Der geschlossene Rhythmus des Bildes bestimmt die Disposition der Gegenstände und der Figuren. Als durchsichtige, regungslose und doch fluide Ikone hat man das Gemälde bezeichnet, das die lineare Heilslehre in Frage stelle, weil Runges Kreislaufgedanke insgesamt auf die Unschuld zielt, die dem Sündenfall vorausging. «[...] bei uns geht wieder etwas zu Grunde, wir stehen am Rande aller Religionen, die aus der katholischen entsprangen, die Abstraktionen gehen zu Grunde, alles ist luftiger und leichter, als das bisherige, es drängt alles zur Landschaft, sucht etwas bestimmtes in dieser Unbestimmtheit und weiss nicht, wie es anzufangen», hatte Runge 1802 geschrieben. Runges «Großer Morgen» ist eine sakralisierte Landschaft, aber er ist kein einem bestimmten Glaubensdogma unterworfenes religiöses Bild. Seine Bildwelten eines wiederzufindenden Paradieses, die auf einer Harmonie in der Natur beharren, haben ihre Parallelen vielmehr im deutschen Idealismus und in Jakob Böhmes Mystik, die im 18. Jahrhundert erneut zu erheblicher Wirkung gelangte. In dem sich der Sonne und dem Licht entgegenstreckenden Knaben in Runges «Großem Morgen» ist eine Entsprechung zu Schillers Beschwörung des Kindheitsdaseins in «Über naive und sentimentalische Dichtung» erkannt worden: «Wir lieben in ihnen das stille, schaffende Leben, das ruhige Wirken aus sich selbst, das Daseyn nach eigenen Gesetzen, die innere Nothwendigkeit, die ewige Einheit mit sich selbst. Sie sind, was wir waren; sie sind, was wir wieder werden sollen. Wir waren Natur, wie sie, und unsere Cultur soll uns auf dem Wege der Vernunft und der Freiheit zur Natur zurückführen.»

Glanz und Elend der Geschichte

In den verschiedenen europäischen Malkulturen der Epoche lassen sich ganz unterschiedliche Konjunkturen der einzelnen Gattungen beobachten. Während sich etwa in der deutschen Malerei die Landschaft als konstantes und vielleicht fruchtbarstes – auch weil lebhaft umstrittenes – Sujet etablierte, stand in Frankreich die Historienmalerei weiterhin hoch im Kurs. Mit Antoine-Jean Gros verbindet sich nicht nur die unmittelbare Fortsetzung der Tradition Jacques-Louis Davids – der Maler hatte seinem Lieblingsschüler beim Antritt seines Brüsseler Exils die Werkstatt übergeben –, sondern zugleich der Übergang vom Klassizismus zur Romantik französischer Prägung. In Frankreich bedeutet der *romantisme* in der Malerei primär eine Überwindung Davids, die in der Dynamisierung der Figurendisposition und in der Steigerung der Farben resultierte.

Dass er lebendige Sinnbilder heroischen Handelns gestaltet habe, attestierte Eugène Delacroix dem von ihm «vergötterten» Gros. Tatsächlich hat dieser wie kein anderer die Herrschaft Napoleons in einer ganzen Serie von monumentalen Schlachtenbildern als endlosen Siegeszug beschrieben. Seine Darstellung «Napoleon auf dem Schlachtfeld von Preußisch-Eylau» (Abb. 20) fällt durch starke Kontraste und die markante Zusammenführung der Vertikalen und der Horizontalen auf. Im Bildzentrum

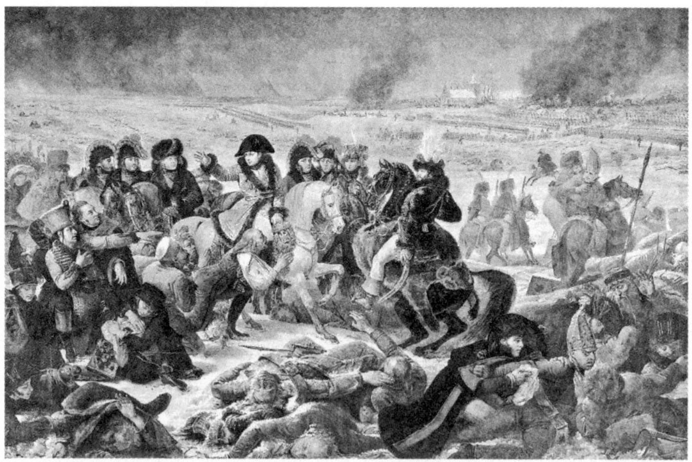

20 Antoine-Jean Gros: Napoleon auf dem Schlachtfeld von Preußisch-Eylau, 1808, Paris, Musée du Louvre

reitet Napoleon über das von Toten und Verwundeten übersäte Schlachtfeld, den rechten Arm wie zum Segensgestus erhoben. Ein verwundeter litauischer Chasseur ist zu Füßen des Kaisers dargestellt, wie er Napoleon um Gnade anfleht. Besuchern des *Salons*, wo das Gemälde ausgestellt war, wurde die Szene in einem Begleittext erläutert. Die Schlacht bei Preußisch-Eylau war eine der verlustreichsten Kämpfe Napoleons überhaupt. Russen und Preußen war es gelungen, die französischen Truppen zu neutralisieren, weshalb die Schlacht, bei der allein 19 000 Soldaten Napoleons starben, zuletzt keinen Sieger kannte. Bei Gros wird dessen ungeachtet die Szene zu einem Triumph Napoleons, der in einem symbolischen Akt einen russischen Gegner verschont, in antikischer Herrschaftsgeste über Tod und Zerstörung reitet, selbst dem frostigen Winter trotzt und als Lichtgestalt selbst da noch zum Sieger gekürt wird, wo doch nur Erschöpfung und Dunkelheit über die miteinander kämpfenden Mächte siegten. In der Figur des Feldherrn erscheint Napoleon als Souverän, der die Einheit des damals immer weiter expandierenden und in sich immer vielfältigeren Kaiserreichs verkörpert.

In den Werken von Gros entfaltete sich erstmals eine virtuose Pinselführung, die das dramatische Geschehen in eine kongeniale malerische Energie übersetzte und auch den Erzählverlauf eines Bildes völlig neu strukturieren ließ. Auf die nachfolgende Generation musste diese Malweise befreiend wirken. Gros selbst, der sich als Bewahrer der strengen Bilddisposition seines Lehrers David verstand, wehrte sich allerdings gegen die Vereinnahmung durch die romantische Schule. Sein spektakulärer Freitod im Jahr 1835 – der Maler stürzte sich kurz nach Eröffnung des *Salons*, in dem er sein Gemälde «Hercule et Diomède» präsentiert hatte, in die Seine – ist gewiss der Orientierungslosigkeit des Malers geschuldet, in die ihn, wie zahllose andere Künstler auch, der gesellschaftliche Umbruch nach Napoleons Sturz 1815 hatte fallen lassen. Er darf aber auch als letzte Konsequenz einer Aporie gedeutet werden, in die sein erschüttertes Selbstverständnis ihn ebenso geführt hatte wie die nach Schulzugehörigkeiten urteilende öffentliche Kritik. Dabei hatten damals klassizistische und romantische Bildauffassungen schon lange wirkungsvoll koexistiert.

Die bei Gros bereits angelegte Dynamisierung wurde von Jean-Louis Théodore Géricault noch um ein Vielfaches gesteigert. Motive seines nicht besonders umfangreichen Werkes sind immer wieder Pferde und Reitszenen, womit er einem Gegenstand huldigte, der in besonderem Maße zur Darstellung von Bewegung und Körperlichkeit herausforderte, zugleich aber auch die Beherrschung, die Zügelung der Natur zum Thema machte. Als Hauptwerk nicht nur des früh (bei einem Reitunfall) verstorbenen Malers, sondern der Epoche in Frankreich überhaupt, die Romantik und Realismus nicht als Gegensatz begriff, muss Géricaults «Floß der Medusa» (Abb. 25) gelten. Es handelt sich dabei um ein modernes Ereignisbild, das eine wirkliche Begebenheit, das Sinken der Regierungsfregatte «Medusa» im Juni 1816 im Atlantik und den Überlebenskampf der Schiffbrüchigen, zum Thema hat. Nach dem Schiffbruch hatten sich über hundert Passagiere auf ein von Begleitschiffen gezogenes Floß gerettet, dessen Taue aber bald gekappt wurden. Zwölf Tage lang waren die Schiffbrüchigen auf sich selbst gestellt, dem Verhungern und

Verdursten nahe. Am Schluss überlebten nur fünf Passagiere. Die rasch kursierenden zeitgenössischen Schilderungen der Tragödie, die Verzweiflung und Hoffnungslosigkeit, vor allem aber auch die zunehmende Verrohung im Kampf jedes gegen jeden boten Stoff für eine Szenerie, in der sich heroische Dramatik und menschliche Verstrickung anschaulich ausbreiten ließen.

Für die Ausführung des Gemäldes machte sich Géricault durch Befragungen der Überlebenden ebenso kundig, wie er sich mit anatomischen Studien beschäftigte, mit den Formationen von Wellen und Wolken sowie mit der Konstruktion von Flößen. In einer virtuosen Mischung aus schöpferischer Phantasie und Chronik wählte er den Moment, in dem die Schiffbrüchigen am Horizont ein vorbeiziehendes Boot entdecken und vergeblich auf Rettung hoffen. Im Zentrum des Bildes, das in einer strengen Komposition in zwei Dreiecksgruppen angelegt ist, verdichtet sich in einem heftigen Gebärdensturm die Ausweglosigkeit der Menschen. Géricault entfaltet dabei im Rückgriff auf überkommene Modelle der Malerei – namentlich auf die Körperlichkeit Michelangelos und das Hell-Dunkel Caravaggios – und gestützt auf die eigene Autopsie von Toten und Sterbenden die ganze Skala menschlicher Empfindung und Leidensfähigkeit. Es ist Seelenmalerei, die hier exerziert wird, und damit erteilt das Gemälde die deutlichste Absage an David und seine Schule, der Stendhal noch 1824 nachsagen sollte, dass sie Körper malen könne, aber entschieden unfähig sei, «die Seelen zu malen». Selbst der Nacktheit kommt bei Géricault ein psychisches Moment, kein heroisches zu: Sie ist Zeichen äußerster Bedrängnis und Hilflosigkeit und nicht eines überzeitlich idealisierten Körperkults.

Mit seiner nahezu schon geometrischen Balance aus Pathos und Empathie, die nicht einmal im sich leicht aufhellenden Horizont Aussicht auf Erlösung signalisiert, wurde Géricaults Gemälde zur Inkunabel eines bald auch politisch gedeuteten Weltbilds, das den Menschen auf sich selbst zurückgeworfen und auf seine eigene Handlungskraft verwiesen sieht. Gegen Davids sich bildparallel entfaltende Darstellung im «Schwur der Horatier», in der die Erzählung wie in Sequenzen skandiert wird, entwickelt Géricault eine heroische Pyramidalkomposition, in der die gesamte Darstellung auf einen einzigen, in der Ferne liegenden Punkt ausgerichtet ist. Bei David hingegen war der Tiefenraum noch unerschlossen geblieben.

Von diesem Werk, das bis an die Grenze des Erträglichen von psychischen Energien aufgeladen ist und das zugleich, ausgehend von Jacques-Louis David, das Historienbild als Medium der politischen Imagination neu erfindet, führt der Weg unmittelbar zu den Arbeiten von Eugène Delacroix. Der einflussreichste Maler der französischen Romantik – der gleichwohl nachhaltig von der englischen Malerei beeinflusst war – zeichnet sich durch einen unbekümmerten Rückbezug auf die unterschiedlichsten Maltraditionen aus: Tizian oder Tintoretto faszinierten ihn nicht weniger als Rubens, Constable oder das Werk des erst durch ihn in Europa wirklich bekannt gewordenen Goya. Vor allem aber war es die Literatur, von Shakespeare und Lord Byron bis zu Goethe, die Delacroix zu einer ganz eigenen Theatralität in der Malerei finden ließ. Er selbst wehrte sich allerdings dagegen, als Romantiker etikettiert zu werden, als dessen Inbegriff ihn Charles Baudelaire gleichwohl gefeiert hat.

Sein Gemälde «Die Freiheit führt das Volk» (Abb. 26) verhandelt ebenfalls ein zeitgeschichtliches Ereignis, den Sturz der bourbonischen Restauration und die Machtergreifung des Bürgertums in der Julirevolution von 1830. So effektvoll und plakativ das Bild auf den ersten Blick erscheinen mag, es hat eine erstaunliche Vielfalt von Deutungen erfahren. Es wurde als Aufruf an sämtliche Gesellschaftsklassen sich zu verbünden interpretiert und als dessen Gegenteil, nämlich die Beschwörung der schlagkräftigen Verbindung der niederen Schichten – die, zusammen mit der Studentenschaft, die Julirevolution tatsächlich ausgelöst hatten. Ferner hat man das Gemälde als napoleonisches Sehnsuchtsbild gelesen wie auch als melancholische Reflexion des Künstlers über die *condition humaine*. Diese Mehrdeutigkeit ist ein charakteristisches Merkmal des Bildes, das gleichwohl nicht beliebig interpretierbar ist.

In seinem betont diagonalen Aufbau erscheint das Werk gleichsam als Pendant zu Géricaults «Floß der Medusa» – Delacroix hatte für eine der Figuren des «Floßes» Modell gestanden und setzte sich besonders intensiv mit dem Gemälde auseinander; als direktes Bildzitat gibt sich die links vorne liegende Leiche zu erkennen. Wie eine Rampe stellt sich dem Betrachter ein aus Balken und Pflastersteinen, Gefallenen und Sterbenden gebildeter Vordergrund entgegen, über den die Figur der Freiheit dem Betrachter entgegenstürmt. Diese Figur, eine moderne Nike, ist im Begriff, sich zur Allegorie zu verwandeln. Ihr Achselhaar, ihre sinnliche Leibesfülle, auch das Infanteriegewehr samt Bajonett und die Trikolore weisen sie als Gestalt eines bestimmbaren historischen Augenblicks aus. Der entblößte Oberkörper aber, die antike und revolutionäre phrygische Mütze, das strenge Profil, die jähe Körperwendung und der sie isolierende Lichteinfall können als Elemente beschrieben werden, welche die Figur zur Personifikation umdeuten. Vor den Augen des Betrachters findet hier eine Verwandlung von Geschichte in Allegorie statt; gleichzeitig aber wird durch den frontal an den Zuschauer gerichteten appellativen Charakter des Bildes, das zu unmittelbarer und zukünftiger Aktion aufruft, die Allegorie wiederum in Geschichte verwandelt.

Das Gemälde wurde als «Allégorie réelle» apostrophiert und als Darstellung des historischen Auftrags an die Frau, eine auf das Diesseits gerichtete Beglückungsreligion zu verkünden und zu erwirken. Man hat das Gemälde als Reportage und als Ikone zugleich gelesen, die der ersten französischen Revolution das Bild nachlieferte, das Jacques-Louis David ihr schuldig geblieben war. Die Trikolore, die Fahne der Revolution von 1789 und des Kaiserreichs, ist als einigendes Signal inszeniert, umso mehr als die neben und unter der Figur der Freiheit dargestellten Körper sich zwar insgesamt zur Dreiecksform der Pyramide addieren, untereinander aber auseinanderstreben und auf einen Raum jenseits des Bildrahmens verweisen. Die von der Figur zur Figuration sich wandelnde Freiheit ist es, die zum Zentrum dieser Kräfte wird und deren Einheit sichert. Dass Delacroix in einigen der Personen Identifikationsfiguren für den Betrachter geschaffen hat, die diesen dazu auffordern, sich selbst in das Geschehen einzuschreiben, und so zur Subjektivierung der Szene beitragen, verleiht dem Gemälde eine Balance aus Idealität und Realität, die seine immense Wirkung begründet hat.

Wie stark sich die republikanische Gesinnung in diesem Werk wiedererkennen konnte, zeigt beispielhaft die Kritik Heinrich Heines. Dieser schrieb, ganz erfasst von der «Heiligkeit des Sujets», in seiner Besprechung des *Salons* von 1831 enthusiastisch:

Auf keinem von allen Gemälden des Salons ist so sehr die Farbe eingeschlagen wie auf Delacroix' Julirevolution. Indessen, eben diese Abwesenheit von Firnis und Schimmer, dabei der Pulverdampf und Staub, der die Figuren wie graues Spinnweb bedeckt, das sonnengetrocknete Kolorit, das gleichsam nach einem Wassertropfen lechzt, alles dieses gibt dem Bilde eine Wahrheit, eine Wesenheit, eine Ursprünglichkeit, und man ahnt darin die wirkliche Physiognomie der Julitage. [...] Eine Volksgruppe während den Juliustagen ist dargestellt, und in der Mitte, beinahe wie eine allegorische Figur, ragt hervor ein jugendliches Weib, [...] eine seltsame Mischung von Phryne, Poissarde und Freiheitsgöttin. Daß sie eigentlich letztere bedeuten solle, ist nicht ganz bestimmt ausgedrückt, diese Figur scheint vielmehr die wilde Volkskraft, die eine fatale Bürde abwirft, darzustellen. [...] Heilige Julitage von Paris! Ihr werdet ewig Zeugnis geben von dem Uradel der Menschen, der nie ganz zerstört werden kann. Wer euch erlebt hat, der jammert nicht mehr auf den alten Gräbern, sondern freudig glaubt er jetzt an die Auferstehung der Völker. Heilige Julitage! Wie schön war die Sonne und wie groß war das Volk von Paris!

Nicht nur Goethes skeptische Haltung zur Julirevolution, auch die verstörende Bildorganisation von Delacroix' «Freiheit» sollten vermuten lassen, dass sich anhand des Gemäldes wiederum Pole beschreiben ließen, die den Klassizismus von der Romantik trennscharf zu separieren erlauben. Und doch ist es für die Unsicherheiten der Begriffe von Klassizismus und Romantik im europäischen Kontext bezeichnend, dass Goethe, und zwar der Autor des «Faust», weniger der des «Werther», in Frankreich und England bis heute als einer der bedeutendsten Autoren der Romantik gilt. So erklärt sich auch, dass Eugène Delacroix,

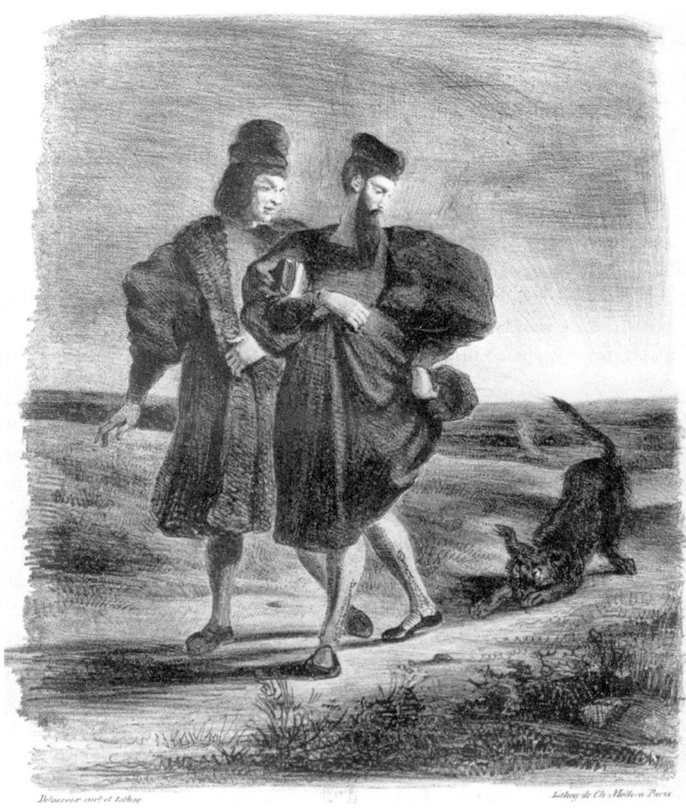

21 Eugène Delacroix: Faust, Wagner und der Pudel, Lithographie nach Goethe, 1826

dramatischen Stoffen ohnehin besonders zugeneigt, immer wieder Lithographien und Gemälde nach Goethes Hauptwerk schuf, an denen Goethe umgekehrt «die vollkommenere Einbildungskraft» würdigte (Abb. 21). Eckermann berichtet aus einem Gespräch im Jahr 1826:

«Herr Delacroix», sagte Goethe, »ist ein großes Talent, das gerade am «Faust» die rechte Nahrung gefunden hat. Die Franzosen tadeln an ihm

seine Wildheit, allein hier kommt sie ihm recht zustatten. Er wird, wie man hofft, den ganzen «Faust» durchführen, und ich freue mich besonders auf die Hexenküche und die Brockenszenen. Man sieht ihm an, daß er das Leben recht durchgemacht hat, wozu ihm denn eine Stadt wie Paris die beste Gelegenheit geboten.»
Ich machte bemerklich, daß solche Bilder zum besseren Verstehen des Gedichts sehr viel beitrügen. «Das ist keine Frage», sagte Goethe, «denn die vollkommenere Einbildungskraft eines solchen Künstlers zwingt uns, die Situationen so gut zu denken, wie er sie selber gedacht hat. Und wenn ich nun gestehen muß, daß Herr Delacroix meine eigene Vorstellung bei Szenen übertroffen hat, die ich selber gemacht habe, um wie viel mehr werden nicht die Leser alles lebendig und über ihre Imagination hinausgehend finden!»

Solche Durchlässigkeit zwischen den «Lagern», die in sträflicher Vereinfachung von der Kunstgeschichte allzu lange einander unversöhnlich gegenübergestellt wurden, erweist sich auch an Peter Cornelius. Er war Parteigänger der Nazarener und wie diese des Klassizismus weitgehend unverdächtig. Und doch nahm er, wie etwa auch Philipp Otto Runge, an den in Weimar zwischen 1799 und 1805 ausgerichteten «Preisaufgaben für bildende Künstler» teil – erfolglos zwar, aber immerhin belobigt. 1811 tat sich auch Cornelius mit einer Illustrationsfolge zum «Faust» hervor, die Goethe durchaus beeindruckte, weil ihre altdeutsche Motivik die verhandelte Epoche wieder aufleben ließ. Obschon Cornelius von den Weimarischen Kunstfreunden «unter den Bekennern des neualtertümlichen Geschmacks als einer der Häuptlinge angesehen» wurde, wiesen sie der «Faust»-Folge des Künstlers den ersten Rang unter den Illustrationen zu Goethes Dichtungen zu.

Zwischen Phantastik, Vernunft und Glauben

Zu einem Bild der Epoche, und sei es noch so knapp gefasst, gehören neben den beherrschenden Richtungen und zentralen Positionen auch solche Künstler, die sich der kategorialen Zuweisung entziehen. Denn gerade sie sagen möglicherweise mehr über diese Periode aus als alle linientreue Schulzugehörigkeit.

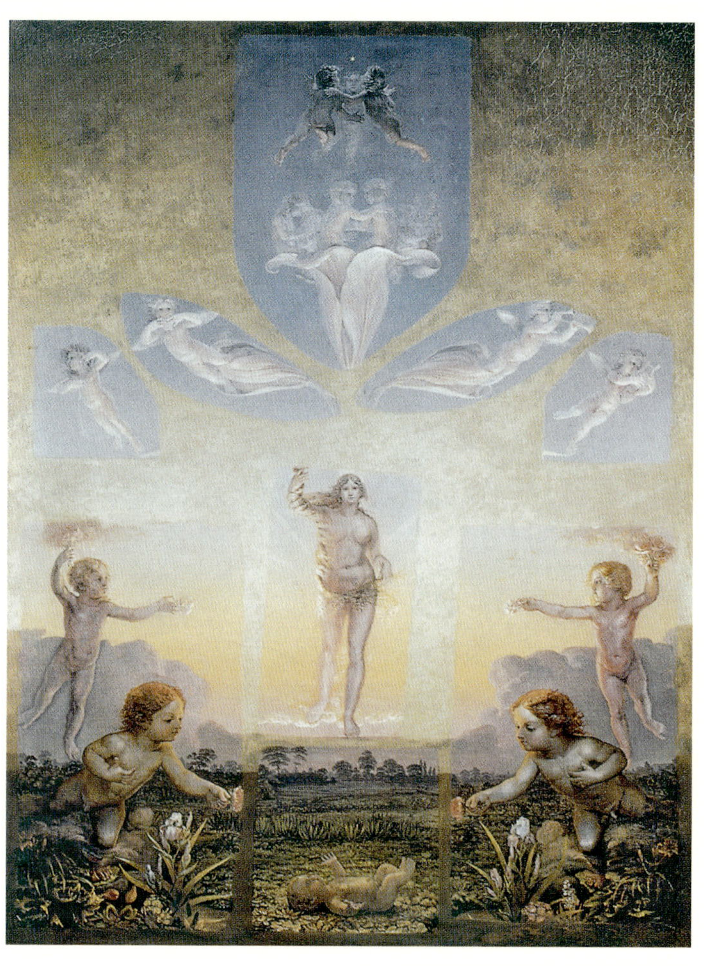

22 Philipp Otto Runge: Der große Morgen, 1808–1810, Hamburg, Kunsthalle

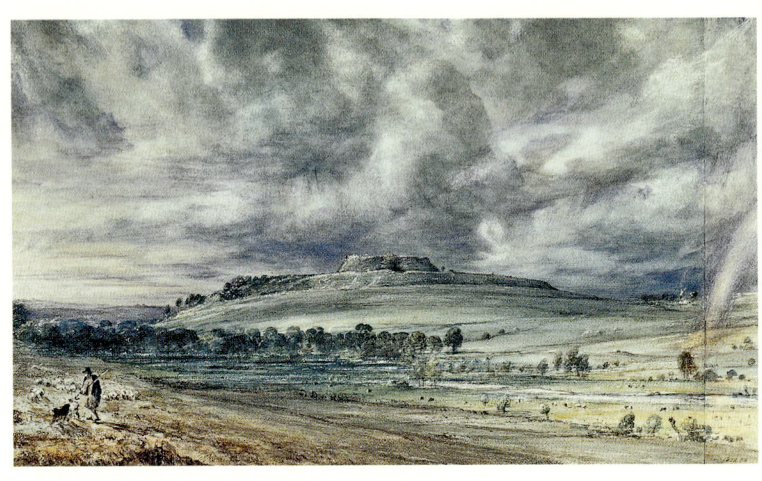

23 John Constable: Weymouth Bay, 1827 (?), Paris, Musée du Louvre

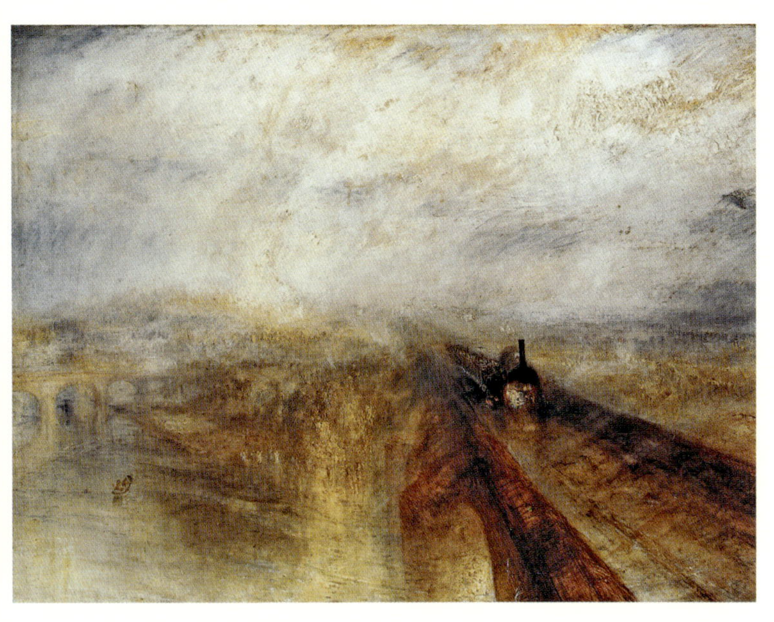

24 Joseph Mallord William Turner: Regen, Dampf, Schnelligkeit – The Great Western Railway, 1844, London, National Gallery

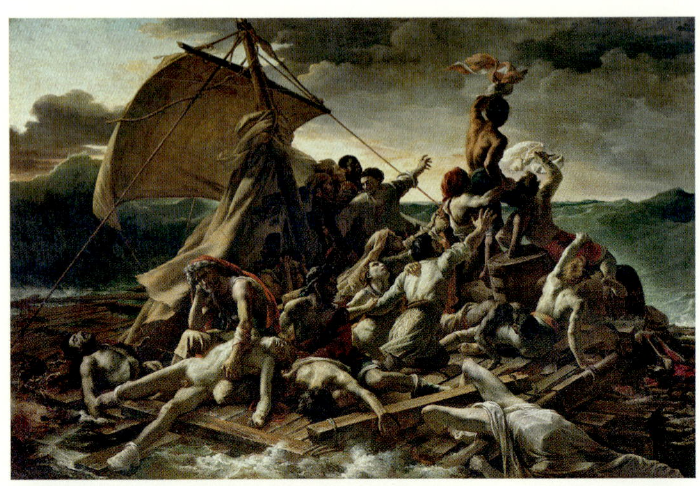

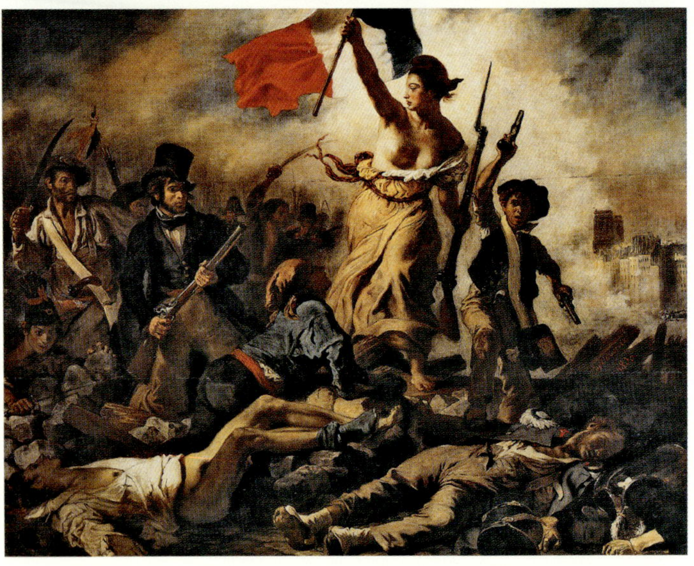

25 Jean Louis Théodore Géricault: Das Floß der Medusa, 1819, Paris, Musée du Louvre

26 Eugène Delacroix: Die Freiheit führt das Volk, 1830, Paris, Musée du Louvre

Unter ihnen behauptet Johann Heinrich Füssli einen bemerkenswerten Rang.

Der zunächst zum evangelischen Geistlichen ausgebildete Füssli wandte sich schon früh, beeinflusst vor allem durch den Zürcher Philologen Johann Jakob Bodmer, auch der Literatur und bildenden Kunst zu. Aber erst seine Flucht aus der Schweiz, die 1763 aus politischen Gründen ratsam geworden war – Füssli war ein Verfechter der aufklärerischen Freiheitsideale und hatte an einem Pamphlet gegen den Landvogt von Grüningen mitgewirkt –, und sein zeitweiliger Rückzug nach England, wo ihn der Maler Joshua Reynolds nachhaltig ermutigte, führten ihn ganz zur Malerei. Ein sich anschließender langjähriger Aufenthalt in Rom, wo er mit Johann Joachim Winckelmann und Anton Raphael Mengs, den europäischen Protagonisten der zeitgenössischen Kunst in Theorie und Praxis, Umgang pflegte, machte ihn rasch mit den gängigen Standards vertraut. Ab 1779 zurück in London, wurde der bald als «the wild Swiss» geschätzte Maler zunächst Professor, später *Keeper* der Royal Academy of Arts und reüssierte auch als Theoretiker.

Ungeachtet seiner römischen Nähe zu Mengs ging er früh auf Distanz zu dem akademischen Pathos des Frühklassizisten; Winckelmann aber hatte er schon 1765 ins Englische übersetzt, wenngleich er sich später auch von dessen «frigiden Phantastereien und platonischen Schönheitsträumen» wieder distanzieren sollte. So war Füssli als junger Künstler Parteigänger der Klassizisten und zählte zugleich zu den «Stürmern und Drängern». Die Begeisterung für das «Wunderbare» und Rätselhafte teilte er mit den späteren Romantikern. Überhaupt zeichnet ihn eine höchst dynamische und freie Kunstpraxis ebenso aus wie eine gänzlich unabhängige Lebensphilosophie. Füssli, der wegen seiner magistralen Virtuosität in der Form und seinem überaus selbstständigen Zugriff auf Inhalte bald zum Manieristen deklariert wurde, ist ein in Kunstfragen zutiefst gebrochenes Bewusstsein attestiert worden. Dieses hat man mit seiner Herkunft aus dem Protestantismus erklärt, dem die Gattung Bild seit jeher suspekt war – was ihn jedoch das Bild überhaupt erst als Erprobungsfeld kontinuierlicher Grenzüberschreitungen habe entdecken lassen. Aber als

Getriebenen möchte man sich diesen Freigeist ungern vorstellen. Viel eher mag man sein dynamisches, sämtliche Doktrinen überschreitendes, entfesseltes und selbstbestimmtes Künstlerdasein als glückliches Produkt einer Zeit würdigen, die in Füssli ihre Pole und ihre Mitte zugleich gefunden hat.

Seine Sujets, die mit vitaler Pinselführung und dynamischem Pathos gestaltet sind und meist literarischen Vorlagen folgen, begeisterten auch den frühen Goethe, dem Füsslis Werk durch Johann Caspar Lavater nähergebracht worden war und der für «Glut und Ingrimm» des Malers schwärmte. Füssli führte die Figurenwelten Shakespeares und John Miltons in die Malerei seiner Zeit ein und erweiterte damit deren Repertoire erheblich. Vor allem aber ist sein Werk Ausdruck intensiver Subjektivität. Zum populärsten Motiv des von seiner Zeit als «mächtiger Zauberer» und «Genius des Schreckens» gefeierten Phantasten wurde dessen 1781 erstmals gemalter, danach mehrfach variierter und auch in Stichen verbreiteter «Nachtmahr» (Abb. 34). Das Gemälde von 1781 zeigt eine längs über die gesamte Bildfläche hingestreckte Schlafende, auf der ein dunkler Alp, Sinnbild des unbewussten Schreckens, thront. Durch den Bettvorhang des Bildhintergrunds ragt ein Pferdekopf mit weit aufgerissenen Augen herein – als Zeichen männlicher Begierde. Man hat in dem Bild, auf dessen Rückseite sich ein stark an Thomas Gainsborough erinnerndes elegisches Frauenporträt findet, Füsslis Verarbeitung seiner unerfüllt gebliebenen Liebe zu einer gewissen Anna Landolt erkannt. Diese ist in dem «Doppelbild» als Unberührbare einerseits, als Opfer animalischer Wollust andererseits dargestellt.

Solch ungestümer Gestus, solch «malerisches Kraftgenie» (Georg Forster) ließen Füssli in England, wo die Epoche weit weniger auf der strikten Befolgung eines idealischen Kanons bestand und Gespenstergeschichten ungebrochen Konjunktur hatten, schnell zu einer Berühmtheit werden. Johann Caspar Lavater hat den alle einseitigen Festlegungen fliehenden Künstler treffend beschrieben: «Er ist das originellste Genie, das ich kenne. Lauter Kraft, Fülle und Stille! Wildheit des Kriegers – und höchste Erhabenheit! Aber unerbittlich durch alles – doch leitsam wie ein Kind durch Blicke und Winke, die er Groß fühlt! Seine Geister sind Sturmwind, seine Diener Feuerflammen! Er geht auf den Flügeln des Windes. Sein Lachen ist Spott der Hölle und seine Liebe – tötender Blitzstrahl.» Es ist, als hätten sich hier sämtliche Kategorien der Epoche, auch die einander widerstrebenden, in nur einer Person verdichtet.

Goethe wiederum schrieb 1797 in einem Briefentwurf an Schiller: «Wunderbar ist es, daß die neuern, und besonders die neusten Künstler sich immer die unüberwindlichen Stoffe aussuchen und auch nicht einmal die Schwierigkeiten ahnen, mit denen zu kämpfen wäre.» Zwar sollte Goethes Distanz zu den Arbeiten Füsslis, die seine eigene Phantasie beflügelten – der Entwurf für den ersten Teil des «Faust» («Hexenküche» und «Walpurgisnacht») erweist sich als maßgeblich von dieser Bilderwelt beeinflusst – bald wachsen. Doch gestand er der Gespensterwelt dieses «Imaginanten» in «Der Sammler und die Seinigen» (1799) eine durchaus eigene Wirkkraft zu; dort lässt er Julie schreiben: «Wollten Sie Ihrer gehorsamen Dienerin spotten, als Sie ihr diese elfenhaften Luftbilder, diese seltsamen Feen und Geistergestalten aus der Werkstatt meines Freundes Füeßli zusendeten? Was kann die arme Julie dafür, daß etwas seltsames, geistreiches sie aufreizt, daß sie gern etwas wunderbares vorgestellt sieht und daß diese durch einanderziehenden und beweglichen Träume, auf dem Papier fixiert, ihr Unterhaltung geben!»

Es ist nicht nur der extremen Eigenwilligkeit von Füsslis Werk geschuldet, dass er nicht umfassender und integrativer auf die Kunst seiner Zeit gewirkt hat. Auch der Tatsache, dass er London zu seinem Lebensmittelpunkt machte, kommt hierbei entscheidende Bedeutung zu. Wer nicht auf Dauer in Rom oder Paris, den unbestrittenen Zentren der Epoche, agierte, blieb an den Rand gedrängt. Das gilt auch für den weitgehend in Madrid tätigen Francisco Goya, dessen Malduktus und Sujets nicht selten denen von Füssli ähneln, wenngleich in seinen Werken eine noch weit stärkere sinnliche Kraft wirkt (Abb. 35). In seinen Gemälden und Radierungen entfaltet sich das ganze Spektrum von Schönheit und Grausamkeit, Wahrheit und Absurdität,

Traum und Wirklichkeit, das die Kunst dieser Zeit allerorten beschäftigte und oft genug auch entzweite. Goyas Kunst, die von der akademischen Feinmalerei bis zum protoimpressionistischen Pinselstrich reicht, enthält alle diese Gegensätze bis zum Bersten in sich; Kunst und Künstlertum erfahren in seiner Person und seinem Werk eine Umwertung, die wir heute als visionär begreifen. Die ihm gebührende herausragende Stellung innerhalb der europäischen Kunst wurde Goya aber so recht erst durch die enthusiastische Aufnahme zuerkannt, die sein Werk später zumal in der französischen Kunst fand, von Eugène Delacroix über Gustave Courbet bis hin zu Edouard Manet.

Wenn von den Rändern, den beredten Ausnahmen der Epoche gesprochen wird, darf freilich auch von den Nazarenern nicht geschwiegen werden. Diese fanden in dem Lübecker Maler und späteren Wahlrömer Johann Friedrich Overbeck ihren vielleicht interessantesten Vertreter. Schon früh begegnete er zwei bedeutenden Exponenten der zeitgenössischen Malerei, Johann Heinrich Wilhelm Tischbein und Philipp Otto Runge. 1806 ging er an die Wiener Akademie, brach aber bald mit der akademischen Ausbildung und gründete 1809 zusammen mit Franz Pforr, Johann Conrad Hottinger und anderen feierlich die «Lukasbruderschaft», welche die künstlerische Arbeit in strikter Ablehnung des klassizistischen Geschmacks auf den Begriff der Wahrheit festlegte. Thematisch verlagerten die malenden Klosterbrüder den Schwerpunkt auf die mittelalterliche Geschichte und die christliche Ikonographie. Der Lukasbund, der Wien bald verließ und sein Wirkungsfeld nach Rom verlegte, wo die Künstler in einer engen Lebens- und Arbeitsgemeinschaft das aufgelassene Kloster San Isidoro bewohnten, gründete auf einem empfindsamen Konzept der Freundschaft und einem utopischen Programm der Reform von Kunst und Leben. Bald schlossen sich auch der aus Düsseldorf angekommene Peter Cornelius und der Leipziger Julius Schnorr von Carolsfeld dem Kreis an.

Overbecks Gemälde «Germania und Italia» (Abb. 36) versinnbildlicht programmatisch die von den Malern gesuchte Symbiose aus altdeutschem Primitivismus und neuzeitlicher italienischer Maltradition. Bestärkt sahen sich die Nazarener dabei durch Friedrich Schlegel, der in der Zeitschrift «Europa» (1803–1805) den «Styl der altdeutschen Schule» als Vorbild einer Kunst propagiert hatte, die sich bewusst antiakademisch und auch politisch verstand. Das «Bedeutende» überhaupt erkannte Schlegel als den Zweck aller Malerei, und diese dürfe nichts anderes sein als Malerei, weshalb sie der Besinnung auf ihre (nachantike) Geschichte und in Fortsetzung ihrer großen Tradition der Gotik und Frührenaissance auch historischer, christlicher Themen bedürfe. Mit dieser Fokussierung und der Rehabilitierung von religiösen Themen wie dem Marienleben, dem Kreuzestod, Martyrien etc., nahm Friedrich Schlegel gegen die Antikenorientierung der Aufklärung und des Klassizismus eine entschieden sujetgebundene, katholisch-traditionelle Position ein. Diese konnte ihre Wirkung auf die junge, romantische Malergeneration mit ihrem Aufbegehren gegen Akademie und Kanon sowie ihrem Ideal einer christlich-nationalen Kunst nicht verfehlen.

Dass die nazarenische Kunst, die stark durch die frühromantische Literatur geprägt war, nicht zuletzt auch eine Reaktion auf die napoleonischen Feldzüge und die Befreiungskriege war, ist schon von den Zeitgenossen erkannt worden. Vor allem die Weimarer Klassik bezog gegen die «Neu-deutsche religios-patriotische Kunst» Stellung (so der Titel eines Aufsatzes von Johann Heinrich Meyer, der 1817 in «Über Kunst und Altertum» erschien) und bekämpfte sie als neuen Mystizismus. Durch deren Rückbezug namentlich auf die Zeit vor Raffael und den harten Zeichenstil der altdeutschen Kunst sah man in Weimar «den schönen Stil der Formen gegen Magerkeit, klare heitere Darstellungen gegen abstruse trübsinnige Allegorien» eingetauscht. In ihrem archaisierenden Impetus berührte sich die nazarenische Kunst anfänglich durchaus mit dem Stilhabitus der Malerei in Frankreich oder England, mit dem jungen Ingres oder mit John Flaxman. Die zunehmende Katholisierung – Overbeck etwa konvertierte 1813 und gestaltete seit den späten 1820er Jahren überhaupt keine profanen Themen mehr – isolierte die Künstlergruppe aber bald ebenso sehr wie die damit verbundene nationale Geschichtsseligkeit. Gleichwohl geriet der «Lukasbund» zum ästhetischen Ausgangspunkt der religiösen Restauration in der Kunst des 19. Jahrhunderts, die auch an den deutschen Akademien, etwa in Dresden und Düsseldorf, Fuß fassen sollte, und die Nazarener beeinflussten nicht zuletzt mit ihrer monumentalen Figurenmalerei – exemplarisch dafür steht der 1816/17 als Gemeinschaftswerk entstandene Zyklus der «Josephslegende» in der römischen Casa Bartholdy (seit 1887 in Berlin, Alte Nationalgalerie) – noch den nationalen Repräsentationsstil des Historismus.

V. Skulptur

Die Bildform der Klassik

Die Bildhauerei ist die Gattung, in der sich der Klassizismus vielleicht in seiner stringentesten Form artikuliert hat. Das geht schon aus der Tatsache hervor, dass von einer «romantischen» Skulptur nicht eigentlich gesprochen werden kann. Sicherlich hat z. B. Ridolfo Schadow, der Sohn des Berliner Bildhauers Johann Gottfried Schadow, welcher in Rom im Kreis der Nazarener verkehrte, mit Bildwerken wie «Johannes der Täufer» oder der «Hl. Maria Magdalena» das tradierte antik-mythologische Programm des Klassizismus bewusst erweitert. Aber wenn er auch versuchte, in der Bildhauerei eine Poetisierung, eine Steigerung der Innerlichkeit und der lyrischen Stimmung zu erreichen, so blieb er doch weitgehend dem herkömmlichen Formenrepertoire verpflichtet, das zu variieren ihm nur in Nuancen gelang. So rekurriert seine «Sandalenbinderin» aus den Jahren 1813–1817 (Abb. 27) auf den antiken «Spinario», den kapitolinischen Dornauszieher, der hier in einem Geschlechts- und Genretransfer dem Zeitgeschmack angepasst wurde.

Der klassizistischen Skulptur ging es zunächst und vor allem darum, den materiellen und formalen Auswüchsen des Barock entgegenzuwirken, wie sie sich namentlich in den Werken Gianlorenzo Berninis manifestiert hatten, der gleichsam zum epochalen Negativbild geriet. Winckelmann konstatierte in seinen «Gedancken über die Nachahmung» die Fehlerhaftigkeit aller

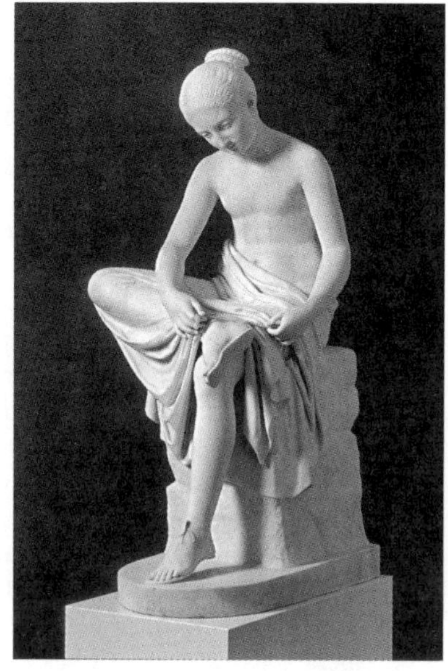

27 Ridolfo Schadow: Die Sandalenbinderin, 1813–1817, München, Neue Pinakothek

Handlungen und Stellungen, die «zu feurig und zu wild» seien, und wies den Parenthyrsos, das an der falschen Stelle eingesetzte höchste Pathos also, zurück. Für die Bildhauerei wurde schließlich seine Festschreibung verbindlich: «Je ruhiger der Stand des Cörpers ist, desto geschickter ist er, den wahren Character der Seele zu schildern: in allen Stellungen, die von dem Stand der Ruhe zu sehr abweichen, befindet sich die Seele nicht in dem Zustand, der ihr der eigentlichste ist, sondern in einem gewaltsamen und erzwungenen Zustand. Kenntlicher und bezeichnender wird die Seele in heftigen Leidenschaften; gross aber und edel ist sie in dem Stand der Einheit, in dem Stand der Ruhe.»

Eine eigenständige Theorie der klassizistischen Skulptur, die nicht auf den Prinzipien der Malerei beruhte, versuchte Johann Gottfried Herder zu entwickeln. In seiner Schrift «Plastik. Einige Wahrnehmungen über Form und Gestalt aus Pygmalions bildendem Traume» (1778) setzt er sich mit zentralen Thesen der Produktions- und Wirkungsästhetik auseinander, wie sie von Winckelmann, dem Grafen Caylus oder Etienne-Maurice Falconet formuliert worden waren. Mit ihnen wandte er sich gegen die in der Kunsttheorie tradierte und vorherrschende Überzeugung, alle Wahrnehmung sei durch das «Gesicht», den Sehsinn, bestimmt. Herder unterscheidet strikt zwischen einem Gefühls- und Tastsinn und der Wahrnehmung des Augensinns, und er entwirft eine Entwicklungsgeschichte der Sinne in Analogie zu jener der Künste. Der Tastsinn ist für ihn der Bildhauerei zugeordnet, der Augensinn der Malerei, die sich erst später als die Plastik wirklich entwickelt habe. Mit seiner Unterscheidung sucht Herder, der Statue, dem Bildwerk zu seinem eigenen wirkungsästhetischen Recht zu verhelfen. Aus dem Fühlen leitet er alle Gesetze der Bildhauerkunst ab: Der Künstler müsse die Statue aus der Materie «hervorfühlen». Erst der – innerlich – fühlbare und dann tastbare Umriss bringe Form und Gestalt hervor; Farbigkeit hingegen erachtete Herder als für die Skulptur unnatürlich, da sie nicht Form und daher nicht fühlbar sei. Wie seine Zeitgenossen auch ging er davon aus, dass die antiken Skulpturen weiß gewesen seien; die erst um 1830 einsetzende archäologische Debatte um die Polychromie spielte zu seiner Zeit noch keine Rolle.

Herders Unterscheidung zwischen der Bildhauerei und der Malerei aufgrund ihrer materiellen Substanz und ihrer sinnlichen Bestimmung ließ ihn auch in der sprachlichen Erfassung der Gattungen fundamentale Unterschiede konstatieren. Die Beschreibung eines Gemäldes gebe nur das bereits Entfernte, dem eigenen Körper gegenüber Distanzierte wieder; der Betrachter und Beschreiber einer Skulptur dagegen begebe sich in sein Inneres, weshalb die antike Skulptur, allein aus dem Gefühl entstanden, dem Betrachter seine eigene Entwicklungsgeschichte bewusst machen könne. In seinem Theorieentwurf, der als Teil einer umfassenderen «Geschichte des menschlichen Verstandes» gedacht war, trennt Herder die Gattungen in ältere und jüngere Künste. Die jüngere Malerei sei eine Kunst der Repräsentation, was sie ermächtige, alles Wahrnehmbare darzustellen – also auch etwa Landschaft und Natur. Sie sei ferner eine genuin moderne, immer der eigenen Zeit verhaftete Kunst, weshalb ihr der Antikebezug der Plastik fehle. Die Bildhauerei dagegen verhandele als ältere, zeitlose Kunst dauernde Werte. Herders Text ist auch insofern aufschlussreich, als er der antiken Kunst in der Gattung, in der sie sich am zahlreichsten erhalten hat, eine eigene Theorie zu geben suchte.

Antonio Canovas beruhigte Körperlichkeit

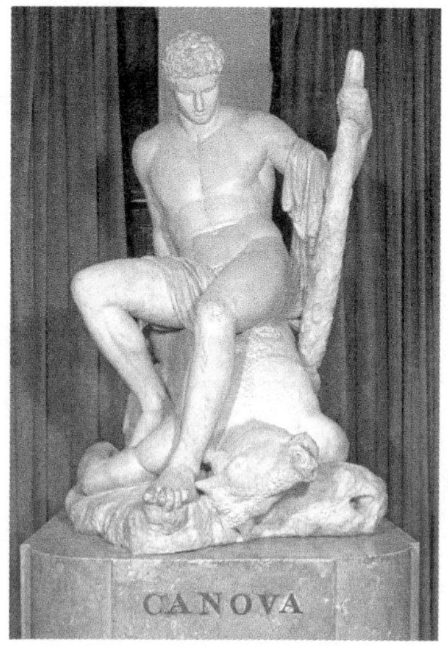

28 Antonio Canova: Theseus-und-Minotaurus-Gruppe, 1783, London, Victoria & Albert Museum

Auch für die Skulptur gilt, dass ihre klassizistische Erneuerung von Rom ausging. Diese Wendung ist mit keinem anderen Namen enger verbunden als mit jenem Antonio Canovas. Aus seiner norditalienischen Heimat zu Beginn der 1780er Jahre nach Rom gelangt, erregte er dort mit seiner Theseus-und-Minotaurus-Gruppe (Abb. 28) unmittelbar erhebliches Aufsehen. Das Werk verkörpert die von Winckelmann erhobenen Forderungen nach edler Einfachheit beispielhaft. Theseus ist nicht kämpfend dargestellt, vielmehr ruht er auf dem rücklings zu Boden gestreckten Leib des besiegten Minotaurus; beider Körper sind dialektisch aufeinander bezogen. In ruhiger, melancholischer Haltung sinniert der Held über die Tat. Die heroische Nacktheit seines Körpers und selbst die monumentale Keule, das Tötungswerkzeug, auf das er sich stützt, treten zurück gegenüber der anschaulich ausgebreiteten inneren Sammlung. Diese weist Theseus als Tugendhelden aus, der über das kretische Ungeheuer, die gewaltsame Natur, moralisch triumphiert. Formfindungen wie diese führten rasch dazu, dass die Zeitgenossen Canova als einen «Philosophen der Kunst» apostrophierten – Form und Inhalt korrespondieren hier auf die glücklichste Art.

Canova orientierte sich nicht nur formal an der Antike; auch viele seiner Sujets («Amor und Psyche», «Perseus», die «Drei Grazien» oder «Hebe») beruhen auf antiken Stoffen. Gerade diese Antikennähe aber prädestinierte ihn dazu, auch seine

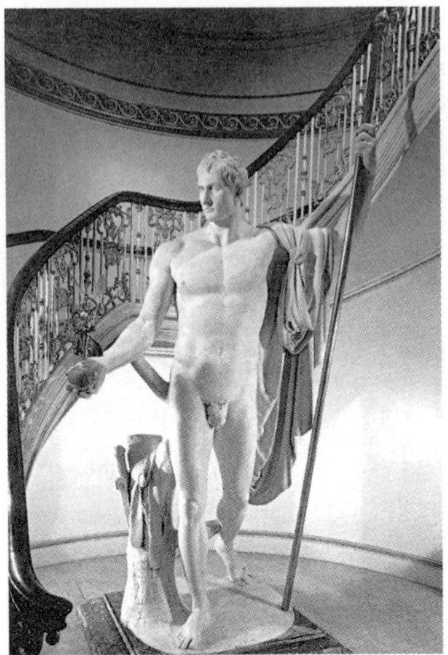

29 Antonio Canova: Napoleon als entwaffneter und friedenstiftender Mars, 1806, London, Apsley House

Zeitgenossen idealisch zu porträtieren. In welche Aporien freilich gerade diese antikische Überhöhung führte, wird an seinem Versuch deutlich, den antikendurstigsten Helden seiner Epoche, Napoleon, überzeitlich darzustellen. Während er zunächst mit einer Porträtbüste des Ersten Konsuls beauftragt war, entwickelte sich der Plan, eine Statue Napoleons zu schaffen, die dessen Herrschaft allegorisch zu versinnbildlichen in der Lage sei (Abb. 29). Der zwischen Künstler und Kaiser in der Folge sich entspannende Disput um Nacktheit oder Bekleidung offenbart die Schwierigkeiten, das Format der Herrscherstatue in der nachrevolutionären Zeit noch einmal zu beleben. Napoleon bestand auf der Einkleidung in die Uniform eines französischen Generals, Canova lehnte ein Zeitkostüm, das seine Figur an die Gegenwart verraten würde, ab und insistierte auf antikischer Nacktheit. Diese wiederum war allein in allegorischer Übersetzung vertretbar, weshalb Canova Napoleon als friedensstiftenden Mars, als neuen Augustus und Friedensfürsten darstellte, der eine auf einer Weltkugel schwebende Victorie in Händen hält.

Das Bildwerk wurde erst 1811 vollendet und kam zu einem Zeitpunkt in Paris an, der die Aufstellung eines Standbilds nach Art der römischen Kaiserzeit nicht mehr opportun erscheinen ließ. Aber nicht nur die politische Schwächung Napoleons sprach gegen die öffentliche Präsentation. Die Allegorie, welche keine bindende Verweiskraft mehr besaß und daher bedeutungslos geworden war, hätte die Zeitgenossen nicht wenig irritiert, denn sie hätten ihren Kaiser im Antlitz als Person identifizieren können, wären jedoch aufgefordert worden, ihn im heroischen Körper als Halbgott wahrzunehmen. Nach Napoleons Niederlage machte die britische Regierung das Bildwerk seinem Besieger, dem Herzog von Wellington, zum Geschenk. Dieser platzierte es im Treppenhaus von Apsley House in London, wo es, einem Fetisch gleich, nicht nur als dauernder Beleg der triumphalen Überwindung Napoleons diente, sondern bis heute auch die Grenzen des klassizistischen Antikebezugs anschaulich markiert.

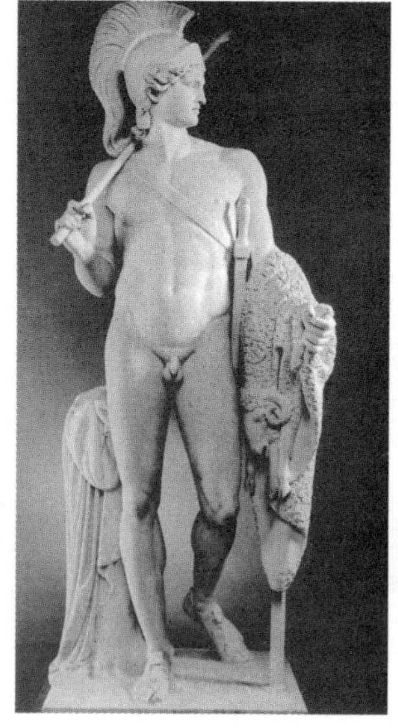

30 Bertel Thorvaldsen: Jason mit dem Goldenen Vlies, 1802/03, Kopenhagen, Thorvaldsen Museum

Canova fand in Bertel Thorvaldsen früh einen ebenbürtigen Konkurrenten. Zusammen beherrschten sie die europäische Skulptur der Zeit nahezu monopolartig, und beide setzten sich nicht zuletzt durch ihre Schüler auf dem Kontinent durch. Der ab 1797 ebenfalls in Rom tätige Däne Thorvaldsen belieferte von dort europaweit seine Kunden und machte seine Werkstatt zu einem regelrechten Kunstbetrieb, in dem die Ausführung der bald zahllos bestellten Werke nahezu fabrikmäßig abgewickelt wurde.

Wie Canova mit seiner Gruppe von «Theseus und Minotauros», so betrat Thorvaldsen mit der überlebensgroßen Statue des «Jason mit dem Goldenen Vlies» (Abb. 30) die öffentliche Bühne auf spektakuläre Weise. Thorvaldsens enge Anlehnung an die klassizistische Doktrin geht aus der formalen Nähe seines «Jason» zur antiken Skulptur hervor. Damit übte der Bildhauer ganz im Sinne der Winckelmannschen Doktrin Kunst- und nicht Naturnachahmung. Stärker noch als Canova setzt Thorvaldsen den Kontur, die begrenzende Linie, ein, die als Signum der Epoche gelten muss. Jason, der Stand- und Spielbein prominent inszeniert, ist in ausgereifter Balance dargestellt, die Linie umschließt den Körper. Er erscheint in heroischer Nacktheit, mit behelmtem Haupt und umgehängtem Schwert, über dem linken Arm das erbeutete Goldene Vlies, in der rechten Hand einen langen Spieß. Die Plinthe, die den Umfang des Marmorblocks erkennen lässt, aus dem die Skulptur gehauen ist, wird mit dem Zipfel von Jasons Tuch seitlich nur minimal überschritten, womit die in sich kreisende und gefasste Figur, der in sich ruhende Held angemessen charakterisiert wird. Das blockhaft Gesammelte der Figur hat den Vergleich weniger mit dem spätklassischen «Apoll vom Belvedere» als vielmehr mit dem «Doryphoros» des Polyklet nahegelegt, einem Werk der griechischen Hochklassik. Thorvaldsens «Jason» hob so die Bildhauerkunst seiner Zeit auf eine noch strengere, erhabenere Stufe.

Physiognomie und Faltenwurf: Die Skulptur jenseits von Rom

Man kann die Bedeutung des klassizistischen Kunstzentrums Rom gerade für die Bildhauerkunst nicht hoch genug einschätzen. Auch die andernorts wirkenden Künstler wie Jean-Antoine Houdon oder Johann Gottfried Schadow haben wenigstens zeitweise in Rom gelernt. Zurück in der Heimat, bestanden sie jedoch durchaus auf einer von Rom unabhängigen, den eigenen Bedingungen und Wirkungsmöglichkeiten gehorchenden Kunstausübung.

Mit Houdon verbindet sich vor allem die virtuose Gestaltung des menschlichen Gesichts. Man hat ihm einen Verismus zugeschrieben, der keine ästhetische Nachsicht kannte. Houdon pflegte einen physiognomischen Empirismus, welcher dem klassizistischen Ideal einer Vergegenwärtigung in überzeitlicher Form kaum entsprach. Und doch ist sein Werk, gerade in seiner unbedingten Naturnähe, nicht aus dem Spektrum der spätaufklärerischen Kunst wegzudenken. Seine Bildnisse Voltaires sind ein Beleg dafür, wie er auch in der schonungslosen Ausstellung von Alter und Verfall noch menschliche Würde abgebildet hat.

Die heute in der Pariser Comédie Française aufgestellte Sitzstatue des Philosophen (Abb. 31) zeigt den moribunden Vol-

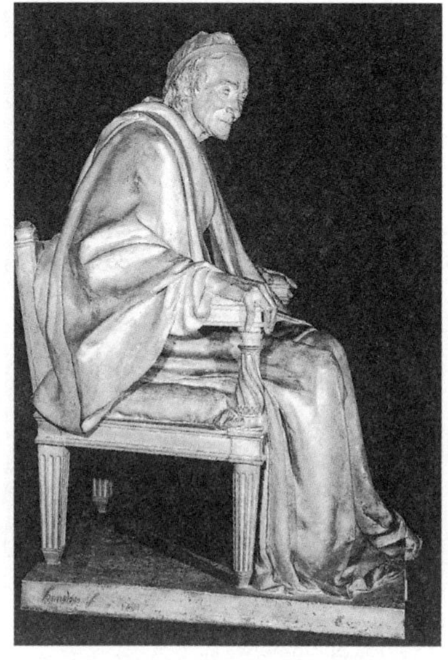

31 Jean-Antoine Houdon: Voltaire, 1781, Paris, Comédie Française

taire, der Houdon kurz vor seinem Tod noch Modell saß. Gefasst wird die Figur von einem wie zum Thron dienenden Sessel im strengen späten Louis XVI-Stil, mit dem die Bewegung des Oberkörpers kontrastiert. Um das Haupt des Philosophen ist die Binde der Unsterblichkeit gelegt, sein Körper ist monumental verhüllt durch einen «Philosophenmantel» all'antica, dessen lebhafte Faltenrhapsodien freilich ebenso ein sinnlicher Ausdruck der Beweglichkeit von Voltaires Geist sind wie der wache, gewendete Kopf. Nur mit dem linken Fuß überschreitet die Sitzfigur den Sockel und gehorcht sonst ganz dem Gebot der Gefasstheit, die sich im festen Kontur, dem geschlossenen Umriss der Figur, ausspricht. Die Statue gerät so insgesamt zum Sinnbild der Grazie des Geistes und zugleich der gesammelten Kraft.

Mit solch wirklichkeitsnahem und zugleich nobilitierendem Gestus korrespondiert das Werk des Berliner Bildhauers Johann Gottfried Schadow, dessen Wirkung nicht zuletzt durch seine Funktion als Rektor der Berliner Akademie (1788) weitreichend war. Mit seiner Bauplastik für das Brandenburger Tor, für das Berliner Stadtschloss oder das Schauspielhaus und ferner mit seinen Denkmälern trug er maßgeblich zum Erscheinungsbild Berlins als einer weiteren klassizistischen Metropole bei. Darüber hinaus kommt ihm auch im theoretischen Kontext eine besondere Bedeutung zu – schon deswegen, weil er zu Beginn des 19. Jahrhunderts in einem Streit mit Goethe zentrale Positionen der Bildniskunst definierte und dabei, wie in seinem skulpturalen Werk auch, auf beeindruckend undoktrinäre Weise eine

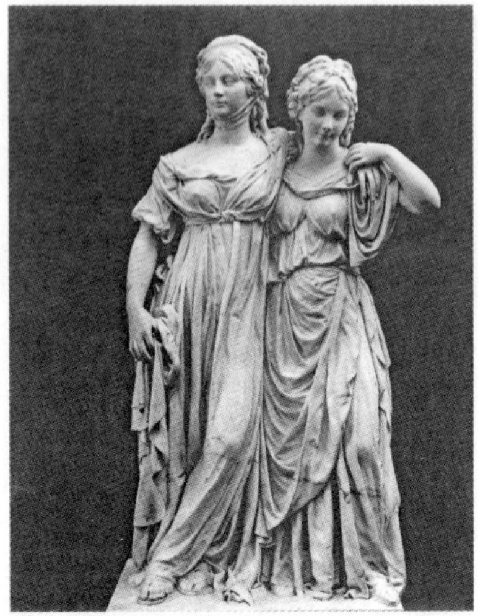

32 Johann Gottfried Schadow: Prinzessinnengruppe, 1795–1797, Berlin, Alte Nationalgalerie

Balance aus Naturnähe und klassischem Ideal formulierte.

Goethe hatte 1800 im zweiten Stück des dritten Jahrgangs der «Propyläen» eine «Flüchtige Übersicht über die Kunst in Deutschland» veröffentlicht – ein kursorischer Bericht, der vor allem dazu gedacht war, die Weimarer Kunstpolitik zu befördern. Über Berlin schrieb Goethe, ohne freilich Schadow direkt zu nennen, vielleicht auch ohne ihn zu meinen:

> In Berlin scheint außer dem individuellen Verdienst bekannter Meister der Naturalismus mit der Wirklichkeits- und Nützlichkeitsforderung zu Hause zu sein und der prosaische Zeitgeist sich am meisten zu offenbaren. Poesie wird durch Geschichte, Charakter und Ideal durch Porträt, symbolische Behandlung durch Allegorie, Landschaft durch Aussicht, das allgemein Menschliche durch's Vaterländische verdrängt. Vielleicht überzeugt man sich bald, daß es keine patriotische Kunst und patriotische Wissenschaft gebe. Beide gehören wie alles Gute der ganzen Welt an und können nur durch allgemeine, freye Wechselwirkung aller zugleich Lebenden, in steter Rücksicht auf das was uns vom Vergangenen übrig und bekannt ist, gefördert werden.

Schadow antwortete auf diese Einlassung in der Zeitschrift «Eunomia» und beharrte darauf, dass es kein «Abstractum» gebe und auch nicht geben solle: «keines in der Natur keines in der Kunst – keine Tugend, nur Tugendhafte; keine Weisheit, nur Weise; keine Gelehrsamkeit, nur Gelehrte [...] so gibt's keine schöne ideale Menschheit, sondern nur vorzüglich schöne Menschen; keinen Baum, sondern nur Bäume usw. [...] Wer einen Menschen malt oder bildet, der mache einen Mann

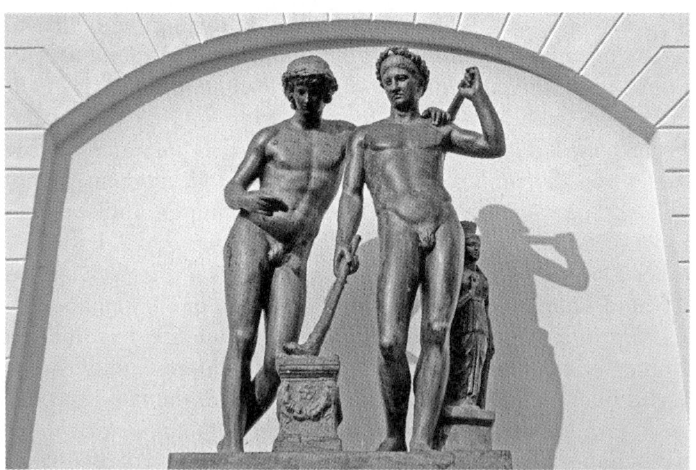

33 «Ildefonso-Gruppe», Lauchhammer Eisenguss von 1796 nach dem Marmororiginal aus dem 1. Jh. n. Chr., Weimar, Platz der Demokratie

oder Weib – und zwar von bestimmtem Charakter, so schön er wolle, nur dass man genau seine Individualität und seine Meinung und Bestimmung wisse.»

In der Debatte artikulierten sich die grundsätzliche Skepsis Goethes bezüglich einer Kunst, die das Ideal an eine zweifelhafte Gegenwart auslieferte, und dazu seine Abgrenzung gegen alle «vaterländischen» Umtriebe. Schadow dagegen bestand darauf, sich vom Kunstideal, zumal wie es in der Winckelmannschen Tradition für die Skulptur noch immer von Rom diktiert wurde, zu emanzipieren, um zu einer Unverwechselbarkeit seiner Kunst zu gelangen, die auch mit ihrer Zeit identisch werden sollte. Dass Goethe und Schadow später eine Verständigung erreichten und anlässlich der Errichtung des Blücher-Denkmals in Rostock zusammenarbeiteten, erklärt sich nicht zuletzt daraus, dass sie beide romantischer Positionen unverdächtig waren.

Schadows «Prinzessinnengruppe» (Abb. 32), das im programmatischen Sinne populärste Werk des Bildhauers, ist ein deutlicher Ausdruck jener bürgerlichen Tendenz, die auch noch die höfischen Kunstaufträge durchdrang. Ursprünglich war

Schadow nur mit zwei Porträtbüsten beauftragt – in denen, nach Auskunft des Künstlers, der zunächst intendierte «Idealkopf» einer «Profilierung der Natur» wich. Aufgrund ihres allgemeinen Publikumserfolgs folgte jedoch im Jahr darauf das Projekt eines Doppelstandbildes. Nachhaltig inspiriert wurde dieses von der im Klassizismus zu enormer Beliebtheit gelangten, seit dem frühen 17. Jahrhundert bekannten antiken Ildefonso-Gruppe (Abb. 33), einem Doppelstandbild aus hadrianischer Zeit, in dem man abwechselnd Orestes und Pylades, Hypnos und Thanatos, Corydon und Alexis, am häufigsten aber die Dioskuren Castor und Pollux wiedererkannt hat. In zahllosen Kopien wurde die Gruppe, die zum Sinnbild geschwisterlicher Liebe oder inniger Freundschaft avancierte, damals reproduziert und schmückte Gärten und Interieurs in Weimar oder Sanssouci ebenso wie in Versailles oder andernorts. Bei Schadow posiert die spätere Königin Luise würdevoll aufrecht, das Stand- und Spielbeinmotiv wird hier aber gleichsam zum artistischen Capriccio. Luises jüngere Schwester Friederike reicht in ihrer lebhaften Kopfwendung sowie ihrer Arm- und Beinhaltung an die Grenzen höfischer Schicklichkeit und klassizistischer Konvention. Die nach der (französischen) Mode der Zeit hochgeschürzten Gewänder entwickeln ein lebhaftes Faltenspiel, das die Jugendlichkeit und den heftigen Gefühlsaustausch zwischen den beiden Schwestern sinnlich zum Ausdruck bringt. Das auffälligste Merkmal der Gruppe aber ist die virtuos gelenkte Umarmung, die dem repräsentativen Standbild ein überraschendes Motiv der Vertrautheit und der familiären Nähe verleiht – ein souveräner Ausdruck natürlicher Empfindsamkeit.

Die Zeitgenossen wollten in der Doppelfigur das gelungenste Beispiel der Wiederbelebung des griechisch-antiken Stils erkennen, und wirklich darf man Schadow attestieren, so nah wie kaum ein anderer an das griechische Ideal und an die Wirklichkeit der eigenen Zeit zugleich gekommen zu sein: «Weibliche Büsten sind eine der schwersten Aufgaben in der Kunst; diese zu lösen habe ich mir immer unglaubliche Mühe gegeben», schrieb Schadow in seinen Lebenserinnerungen «Kunst-Werke und Kunst-Ansichten» über die Schwierigkeit, ein sentimentalisch

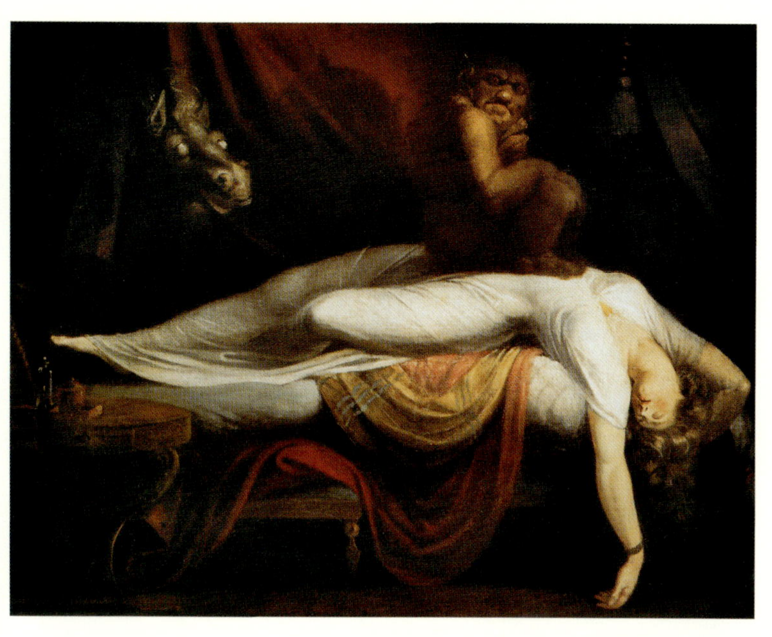

34 Johann Heinrich Füssli: Der Nachtmahr, 1781, Detroit Institute of Arts

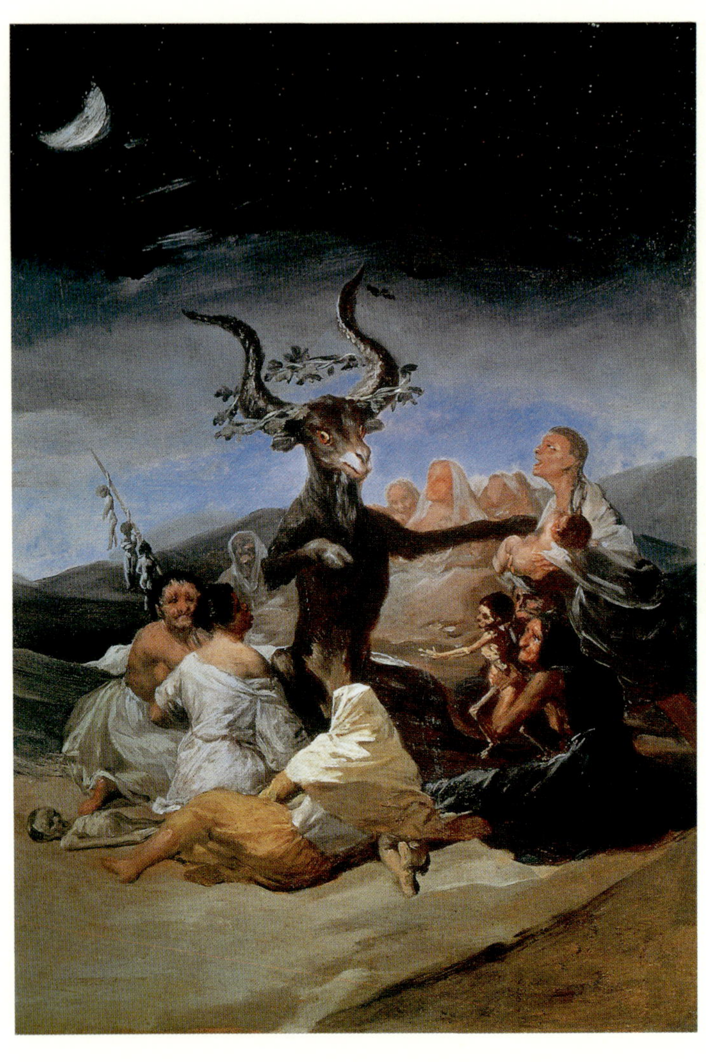

35 Francisco Goya y Lucientes: Hexensabbat, 1797/98, Madrid, Museo Lázaro Galdiano

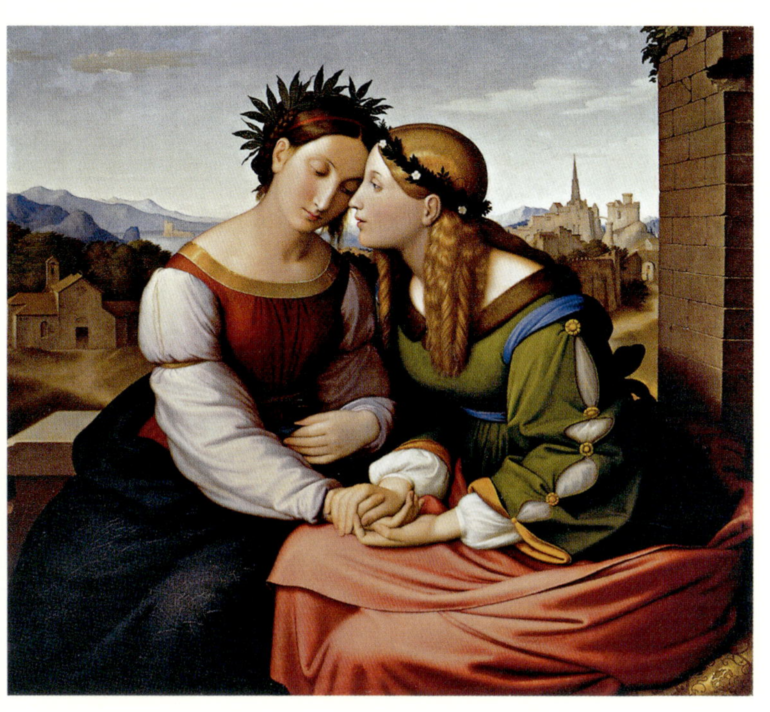

36 Johann Friedrich Overbeck: Germania und Italia, 1811–1828, München, Neue Pinakothek

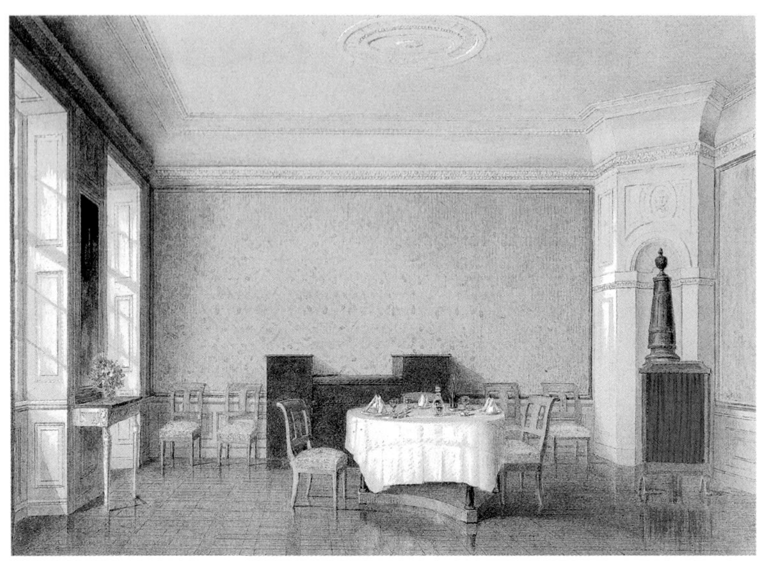

37 Unbekannter Künstler: Wohnzimmer mit gedecktem Tisch, um 1830, Nürnberg, Germanisches Nationalmuseum

aufgeladenes Bildwerk mit den Anforderungen an den hohen Ernst des Ideals und der Wirklichkeitsforderung des Porträts in Einklang zu bringen: »Ähnlichkeit mit Anmuth zu vereinen, in einem Moment den Reiz zusammen zu fassen, der im Leben durch das beseelte Bewegte, Mannichfaltige unendlich vieler Momente liegt, erfordert ein zartes Kunstgefühl und einen, möchte ich fast sagen, an List grenzenden Beobachtungsgeist.»

Die Überzeitlichkeit der klassizistischen Skulptur, die sich am Primat der Antike orientierte, wurde gelegentlich allerdings auch für jene Künstler zum Problem, die durchaus dem Idealschönen nahezukommen suchten. Dafür ist die von Johann Heinrich Dannecker geschaffene Schiller-Büste ein lehrreiches Beispiel (Abb. 38). Sie hat sich dem allgemeinen Bildgedächtnis und dem Personenkult um Schiller folgenreich eingeschrieben. Postum geschaffen, steht sie am Ende einer Serie von insgesamt vier Bildwerken, in denen der mit Schiller seit gemeinsamen Karlsschulzeiten bekannte Bildhauer sich und seine Zeit des Antlitzes des Freundes ebenso zu versichern suchte wie dessen dauernder Präsenz. Schiller saß Dannecker im Frühjahr 1794 ein erstes und zugleich letztes Mal Modell; eine bei diesem Anlass entstandene, nur in Gips ausgeführte Fassung, die sogenannte Gewandbüste, stellt somit den Prototyp dar, nach dem auch die folgenden Büsten gebildet wurden – der Dichter und der Bildhauer sollten einander nicht wiedersehen. Nur eine Totenmaske hat Dannecker später noch erreicht.

Die Nachricht von Schillers Tod löste bei Dannecker jedoch unmittelbar das Bedürfnis aus, dem Dichter zu einer repräsentativen, monumentalen Dauerpräsenz zu verhelfen, wie sie allein die Porträtkunst zu sichern in der Lage war. In einem Brief schrieb er: «Ich glaubte die Brust müsste mir zerspringen, und so plagte mich's den ganzen Tag. Den andern Morgen beim Erwachen war der göttliche Mann vor meinen Augen, da kam mir's in den Sinn, ich will Schiller lebig machen, aber der kann nicht anders lebig sein, als colossal. Schiller muss colossal in der Bildhauerei leben, ich will eine Apotheose.» Und wirklich gelang Dannecker eine Übersetzung, die dem eigenen Anspruch ebenso genügte wie der Anforderung, dass Bildnis und Kunstwerk

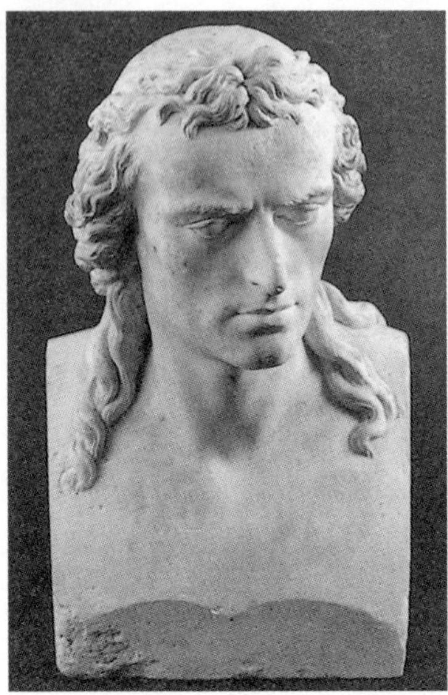

38 Johann Heinrich Dannecker: Büste Friedrich Schillers, Kopie von Theodor Wagner, 1796–1806, Nürnberg, Germanisches Nationalmuseum

gleichermaßen unverwechselbar seien. Dies verdankt sich vor allem seiner Entscheidung für das archaische Format der Hermenbüste, für die – hier leicht überlebensgroße – Kombination aus Kopf und Schulter- und Brustpartie unter Verzicht auf die Armansätze und mit kantigem Abschluss. Die Herme war das älteste Kultbild des Gottes Hermes, setzte sich aber noch in der Antike, zumal im kaiserzeitlichen Rom, als Format auch für Porträts von Dichtern und Historikern durch. Schiller erscheint nunmehr in heroischer Nacktheit, der gleichsam allegorische Verweiskraft zukommt. Die bis auf die Schultern fallenden Haare umspielen als apollinische Lockenrhapsodie das stolz erhobene, aufrechte, dabei leicht gewendete Haupt, worin man ebenso wie in dem freien Blick ein Zitat des «Apolls vom Belvedere» erkennen kann. So frei dieser Blick schweift, so unendlich ist er zugleich; das Fehlen der Augensterne enthebt ihn jeder Zeitlichkeit.

Auch unterstützt die unverhüllte «Kolossalbüste» den konzentrierten Blick auf die Physiognomie, die hier freilich Schillers individuelle Merkmale auf ein Mindestmaß reduziert. Der zeit- und endlos gerichtete Blick des Dichters scheint über die eigene körperliche Verfasstheit hinwegzusehen und sich im gleißenden Weiß des Marmors selbst zu transzendieren. Nichts erinnert an den von langer Krankheit erschöpften Dichter, so wie er etwa aus einer anrührenden Skizze Johann Gottfried Schadows aus dem Jahr 1804 bekannt ist. Aus Danneckers Büste hat man rasch die Willensstärke Schillers herauslesen wollen. Dabei artikuliert sich darin allenfalls dessen idealistische Überzeugung, wonach wir «unseren physischen Zustand, der durch die Natur bestimmt werden kann, gar nicht zu unserem Selbst rechnen, sondern als etwas Auswärtiges und Fremdes» zu betrachten hätten («Vom Erhabenen»).

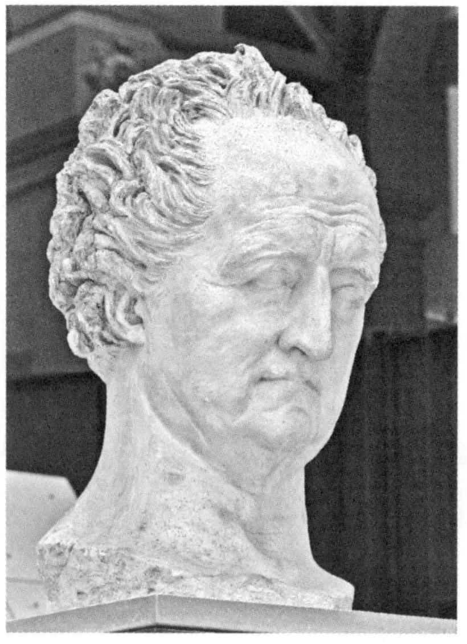

39 Pierre Jean David d'Angers: Kolossalbüste Johann Wolfgang von Goethes, 1829–1831, Paris, Musée d'Orsay

Doch trägt Danneckers Verklärungsversuch, der auf die Überwindung der Physis und auf den Eingang in eine idealische Überzeitlichkeit zielt, auch untrüglich individuelle Merkmale: die auch aus anderen Bildnissen bekannte hohe, freie Stirn, die Betonung der wulstigen unteren Lippe, die austretenden Wangenknochen, das kräftige Kinn. Der Bildhauer selbst behielt das Werk in seiner Originalfassung, einer Reliquie, einem Fetisch gleich, sein Leben lang bei sich. In hohem Alter hat er, angeblich in geistiger Umnachtung, einen Teil der über die Schultern fallenden Locken abgemeißelt. Begründet hat er dies mit den Worten, Schiller habe die Haare zeitlebens doch nie so lang getragen. Diese Bilderstürmerei erscheint wie ein später Versuch des greisen Künstlerfreundes, der Apotheose Schillers, wie sie durch sein eigenes Bildwerk erst eigentlich befördert worden war, die Zeitlichkeit, die Geschichte, die Endlichkeit entgegenzusetzen. Erst durch diese Veranschaulichung der Sterblichkeit Schillers hat Dannecker dessen Bildnis wirklich lebendig gemacht.

Mit welcher Sprengkraft die Skulptur das Menschenbild der Epoche zu erneuern versuchte, macht Pierre Jean David d'Angers' Kolossalbüste von Goethe deutlich (Abb. 39). David d'Angers, dessen Œuvre neben zahlreichen Bildnisbüsten und -medaillons auch Denk- und Grabmäler sowie bauplastische Arbeiten in Frankreich umfasst, stellte sein Werk in den Dienst einer moralisch-patriotischen Erziehung seines Publikums. Ein beredtes Beispiel dafür ist sein 1831–1837 geschaffenes Giebelrelief des Pariser Pantheons, in dem eine weibliche Allegorie des Vaterlands an die Helden der Revolution Kränze verteilt. Dass die hier antretenden Personen – u. a. Mirabeau, Lafayette, Voltaire, Rousseau, Jacques-Louis David und Napoleon – im Zeitkostüm und noch dazu an einem bis dahin Göttern und Allegorien vorbehaltenen Ort erscheinen, markiert deutlich den Anspruch der Revolution, die Antike in der eigenen Übersetzung und in der Jetztzeit aufleben zu lassen.

David d'Angers wandte sich früh von den Werken Canovas ab, die ihm nicht zuletzt durch einen Aufenthalt in Rom vertraut waren, und strebte einen veristischeren, bewusst antielitären Stil an. Als er 1829 Weimar besuchte, saß Goethe David d'Angers Modell. Dieser hatte das Porträtieren von Künstlerfreunden, zumal in Medaillons, zu einer seiner Lieblingsbeschäftigungen gemacht, was ihn als bedeutenden Vertreter des vor allem romantisch bestimmten Freundschaftskults der Zeit zu erkennen gibt. Von Goethe fertigte David D'Angers ebenfalls ein Medaillon, zugleich aber fühlte er sich zur Schaffung einer Büste ermuntert. Der kolossale Maßstab, in den er Goethes Konterfei übersetzte, hatte in der «Juno Ludovisi» sein Pendant, die in Goethes Weimarer Wohnhaus als Abguss aufbewahrt wurde. Er versteht sich als Huldigung an die antike Großplastik wie auch an den dichterischen Heros. Die nach oben sich weitende Schädelkalotte, die das Haupt Goethes verzerrt, und der lodernde Haarkranz – er sollte noch Gerhart Hauptmann zum Modell seiner Selbststilisierung nach Goethe dienen – verdanken sich einem romantisch beseelten Geniekult nicht weniger als den Schädelbaustudien der Aufklärung, die überhaupt in der Anthropometrie nach Maßgaben für die verlässliche Menschendarstellung suchte. Johann Gottfried Schadow hat davon in zwei gewichtigen Publikationen exemplarisch Zeugnis abgelegt: «Polyklet oder von den Massen der Menschen nach dem Geschlechte und Alter» (1834) und «Nationalphysiognomieen oder Beobachtungen über den Unterschied der Gesichtszüge und die äußere Gestaltung des menschlichen Kopfes» (1835).

Johann Peter Eckermann hat in der Vorrede seiner «Gespräche mit Goethe» gleichwohl betont, dass die Monumentalbüste von David d'Angers mehr «das Gepräge der Individualität [trüge], die sie hervorbrachte», als jener Goethes; der wiederum wollte in dem Dargestellten eher den französischen Nationalcharakter erblicken und ließ die Büste in die Weimarer Bibliothek bringen, wo eine zunehmende Zahl von Bildnissen den Rokokosaal in einen Parnass der Klassik verwandelte. David d'Angers' Goethe-Büste erscheint darin wie ein Fremdkörper und als Beweis dafür, wie eine Gattung an ihre ästhetischen Grenzen stieß, welche in der mit diesem Werk zugleich zu Ende gehenden Epoche unausgesetzt zwischen Ideal und Wirklichkeit, zwischen Regelwerk und Autonomie balancierte.

VI. Architektur

Charakterlehre der Baukunst: Der Klassizismus in Frankreich

Anders als in den übrigen Gattungen hat sich der Klassizismus in der Baukunst lange vorbereitet – vor allem in Frankreich, das beanspruchen darf, die Architektur der Epoche in Theorie und Praxis auf neue Grundlagen gestellt zu haben. Mit der Revolution von 1789 erfolgte kein radikaler Schnitt; wenn damals auch das Primat der Antike zu neuer Geltung gelangen sollte, ist doch zugleich der gleitende Übergang aus der Spätphase des *Ancien Régime,* ja aus den Bautraditionen des *Grand Siècle* evident. Das über lange Zeit gültige Lehrgebäude Vitruvs, namentlich die Säulenlehre, wurde in dieser Übergangszeit folgenreich in Frage gestellt. Frankreich war so zu Beginn des 18. Jahrhunderts durch eine relativistische Architekturästhetik geprägt, gegen die bald ebenso opponiert wurde wie gegen die antiklassischen Tendenzen des Rokoko.

Jacques-François Blondel, der 1743 gegen den Widerstand der Académie Royale d'Architecture eine eigene Architekturschule in Paris eröffnete, zählte Etienne-Louis Boullée und Claude-Nicolas Ledoux zu seinen Adepten – und diese sollten tatsächlich Schule machen. Blondels Vorlesungen, die «Cours d'Architecture», welche durch die Architektur der italienischen Renaissance und ihre Theoretiker ebenso beeinflusst waren wie durch den französischen Barockklassizismus, bestanden auf der Gültigkeit einer aus den natürlichen Maßverhältnissen abgeleiteten Proportionslehre. Vor allem aber führten sie die in Frankreich durch den aufgeklärten Theoretiker Germain Boffrand angestoßene Debatte um den *caractère* eines Gebäudes weiter. Boffrand hatte von der Architektur gefordert, dass sie vom Außenbau bis zur Inneneinrichtung den Charakter des Bewohners und ihre jeweilige Funktion ausdrücken solle. Mit dieser Forderung einer sprechenden Architektur wirkte er auch auf die Ausbildung der sogenannten Revolutionsarchitektur ein, etwa auf Boullée und dessen optische Rhetorik.

Unter Blondel wird die Charakterlehre der Architektur weiter verfeinert und um den Begriff des *style* erweitert – der *caractère* bezeichnet demnach die Funktion, der Stil dagegen deren Wirkung. Gegen das sich verselbstständigende Ornament des Rokoko ruft Blondel darüber hinaus den «grand goût de la belle simplicité» aus, die Formel eines auch die Baukunst erfassenden edlen und einfachen Klassizismus. Blondels Lehre vermittelte auf diese Weise wirkungsvoll zwischen einer in die Krise geratenen vitruvianischen Architekturtheorie und der «Revolutionsarchitektur». Dabei darf aber nicht übersehen werden, dass der normative Klassizismus um die Mitte des 18. Jahrhunderts durchaus keine Monopolstellung inne hatte, sondern dass vielmehr divergierende Theorien nebeneinander existierten.

So beeinflusste etwa auch Jean-Jacques Rousseau die Bautheorie mit seiner These von den natürlichen Urformen. Ablesbar ist das etwa an dem 1753 erschienenen «Essai sur l'Architecture» des Abbé Marc-Antoine Laugier. Dieser wies

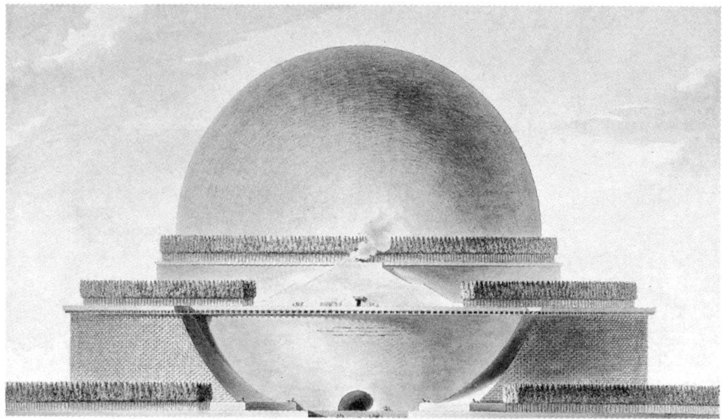

40 Etienne-Louis Boullée: Entwurf für einen Newton-Kenotaph, 1784, Paris, Bibliothèque Nationale de France

die sklavische Nachahmung des vitruvianischen Lehrgebäudes zurück und insistierte auf einer aus der Natur abgeleiteten «essentiellen» Schönheit, die von Mode und Konventionen ebenso unabhängig sei wie vom Zufall, den er in den tradierten Architekturregeln erkannte. Es kennzeichnet die Heterogenität der Debatte, dass Laugier kein Verfechter der französischen Klassik war, sondern vielmehr die Gotik mit ihrer stimmungsgetragenen Lichtarchitektur beschwor. Goethe hat sich in seiner Beschreibung des Straßburger Münsters (1772) bei aller Abgrenzung gegen den «neufranzösischen philosophierenden Kenner» nachhaltig davon beeindrucken lassen. In seiner geschichtsphilosophischen Theorie, die sich auf die Natur berief, rekurrierte Laugier auf die «Urhütte» nicht nur als entwicklungsgeschichtlichen Nukleus, sondern auch als konstruktives Prinzip und Vorbild aller Architektur. Laugiers enorm populärer Traktat beförderte eine durch konstruktive Logik bestimmte Organisation und Reduktion der Architektur, die noch die Diskussion um den Funktionalismus in der Moderne bestimmen sollte.

Vor diesem hier skizzierten theoretischen Hintergrund bildete sich die sogenannte Revolutionsarchitektur aus, die, anders als

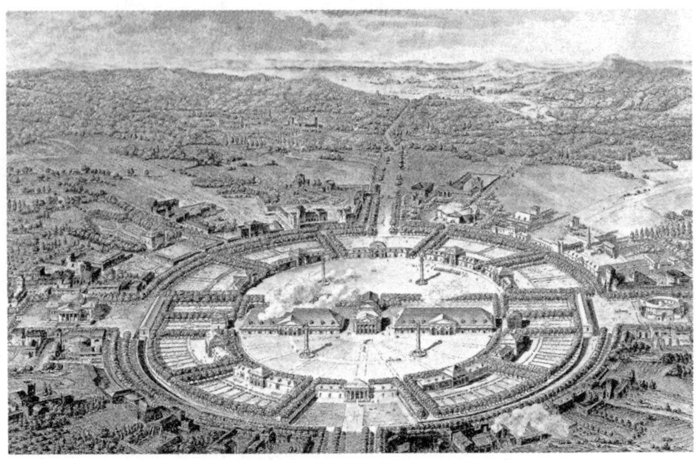

41 Claude-Nicolas Ledoux: Anlage der königlichen Salinenstadt in Chaux, Arc-et-Senans (Entwurf), 1774–1779, Stich

der Begriff lange suggerierte, nichts mit der Französischen Revolution zu tun hat, sondern zuvor schon erdacht wurde und nur in ihrem radikalen, eskalierenden Formwillen revolutionär war. Etienne-Louis Boullée, von dem sich wenige Bauten erhalten haben, beeinflusste die Baukunst weit mehr als Lehrer an der École des Ponts et Chaussées und mit seinen Architekturphantasien (versammelt im «Essai sur l'art»). Er verstand die Architektur zunächst und vor allem von der Seite ihrer ikonischen, also bildlichen Wirkung her, die durch Körper erzeugt wird. Seine imaginäre Architektur beförderte den poetischen Charakter zumal der öffentlichen Bauten und verband die Forderungen von Funktion und Charakter, wobei er sich in radikaler Konsequenz auf Kubus, Zylinder, Kugel und Pyramide beschränkte.

Unbestrittener Höhepunkt seiner Architekturphantasien ist der Entwurf für einen Newton-Kenotaph von 1784 (Abb. 40): Die monumentale, in Analogie zur Erde als Kugel gebildete Struktur sollte durch Bohrungen in der Kuppelschale bei Tag den Sternenhimmel abbilden und des Nachts von einer großen Lampe erhellt werden – ein sinnreiches Bild der durch das geistige Vorbild Isaac Newtons erhellten und aufgeklärten Welt. Der Denkmalcharakter des Monuments macht es zu einer programmatischen Formulierung von Boullées unbedingtem Glauben an die geometrische Form und die Erhabenheit der Natur, die sich in der Größe der Architektur spiegelt.

Anders als Boullée nahm Claude-Nicolas Ledoux zwar auch über einen Architekturtraktat, nicht weniger aber durch seine Bauten Einfluss. Seine ab 1775 entstandene Anlage der Salinenstadt in Chaux (Abb. 41) ist gleichsam ein Idealstadtprojekt, das *in nuce* die Struktur des absolutistischen Königtums auf eine Salzfabrik mit Verwaltungs- und Wohnhäusern überträgt, in deren Zentrum das «Haus des Direktors» steht. Die in Chaux prominent figurierende dorische Säulenordnung ist nicht primär im Sinne der klassischen Abfolge eingesetzt, die sie grundsätzlich auf dem Erdgrund verortet, sondern vielmehr um den fortifikatorischen «Charakter» der streng bewachten Zentrale des königlichen Salzmonopols auszudrücken.

Die von der französischen Bautheorie und -praxis noch in vorrevolutionärer Zeit entwickelten Positionen ließen den Klassizismus in der Baukunst ganz selbstständige Lösungen finden. Nicht weniger einflussreich war dabei allerdings auch die zunehmende Zahl an Publikationen zur antiken Baukunst – darunter namentlich Julien-David Leroys «Les Ruines des plus beaux monuments de la Grèce» (1758). Ein spektakuläres Beispiel für diesen Einfluss ist das von Charles de Wailly und Marie-Joseph Peyre entworfene Schauspielhaus der Comédie Française, das heutige Théâtre de l'Odéon (Abb. 42). Die über den gesamten Bau sich ziehende glatte Rustika, der waagerechte Fugenschnitt, der den rechteckigen Baublock ebenso auflockert wie der das Erdgeschoss umziehende, in den Baukörper eingelassene Arkadengang, hat zwar kein unmittelbares antikes Vorbild. Das Gebäude ist aber weitgehend aus dem Formenrepertoire der Antike gespeist und sucht nach einer neuen, zeitgemäßen Umsetzung dieser Formen. Der kolossale, horizontal abgeschlossene Portikus bildet mit seinen dorischen Säulen einen würdevollen Zugang zu einem Bau, der mit seinen ohne eigene Rahmung gestalteten Öffnungen (Rundbogenarkaden,

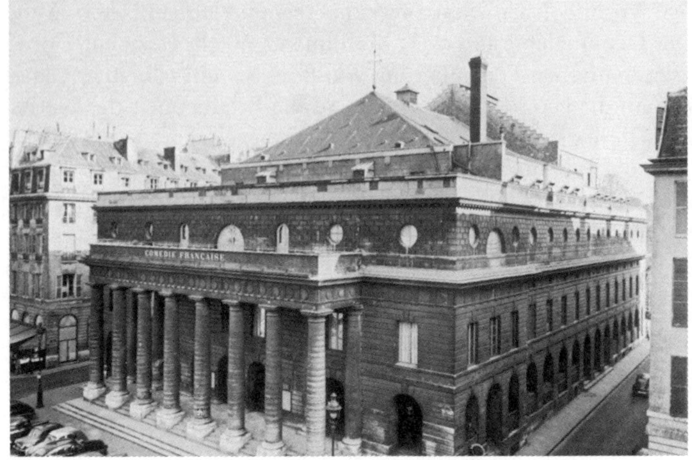

42 Charles de Wailly und Marie-Joseph Peyre: Comédie Française, das heutige Théâtre de l'Odéon in Paris, eröffnet 1782

Rechteckfenster, Oculi) eine eindrückliche Balance von Zugänglichkeit und Geschlossenheit herstellt und dem Ideal der «noble simplicité» musterhaft entspricht. Noch haben wir es hier mit Herrschaftsarchitektur zu tun – der Grundstein für das Theater wurde durch den späteren Ludwig XVIII. gelegt. Dass darin aber 1784 die Erstaufführung der «Hochzeit des Figaro» von Pierre Augustin Caron de Beaumarchais stattfand, einem Stück, das in seiner antiaristokratischen Tendenz vielen als Präludium der Revolution galt und einen Skandal provozierte, bindet den Bau auch an die wenig später einsetzende gesellschaftliche Umwälzung.

Die napoleonische Ära griff die unter Ludwig XVI. sich ausbildenden Tendenzen auf und beförderte sie weiter. Zwischen 1793 und 1795 war die von Nicolas Vestier entworfene Rue des Colonnes mit ihren von 36 dorischen Säulen getragenen offenen Arkaden angelegt worden – Friedrich Gilly hat dieses seltene Beispiel eines an den Theorien der «Revolutionsarchitektur» ausgerichteten urbanen Ensembles während seiner Paris-Reise 1797 gezeichnet (Abb. 43). Es prägte noch die ab 1802 auf Ge-

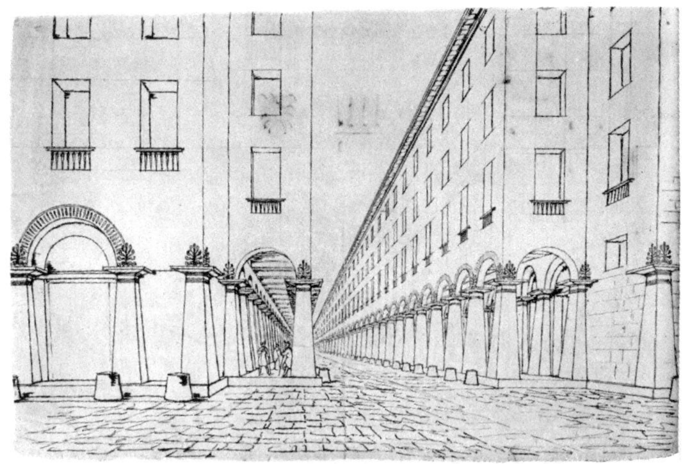

43 Rue des Colonnes in Paris, 1797 gezeichnet von Friedrich Gilly, Berlin, Bibliothek der Technischen Universität

heiß Napoleons unter anderen von Charles Percier angelegte Rue de Rivoli. Dennoch blieb das Stadtbild von Paris an der Epochenschwelle um 1800 mehr von Einzelmonumenten beherrscht – etwa von dem von Barthélemy Vignon errichteten «Temple de la Gloire», der 1809 eingeweiht und den kaiserlichen Armeen gewidmet wurde (es handelt sich um die heutige Kirche «La Madeleine»), oder von dem 1806 begonnenen Arc de Triomphe von Jean-Francois Chalgrin.

Napoleons Sturz und die Restauration verhinderten die Verwandlung von Paris zur urbanen Musterresidenz des Klassizismus. Auch die architektonische Selbstdarstellung Napoleons in den von seinen Truppen eroberten Ländern, die den Klassizismus französischer Prägung europaweit zum verbindlichen Bau- und Repräsentationsstil gemacht hätte, blieb in Ansätzen stecken; das von Giovanni Antonio Antolini entworfene Forum Bonaparte in Mailand, eine zeitgenössische Variation auf die antiken Kaiserfora, blieb wie so vieles andere Fragment.

Die internationale Karriere eines Staatsstils

Der Impetus einer «Revolutionsarchitektur» war auch dem Baustil eigen, der sich unter dem Begriff des *Federal Style* in den seit 1776 vereinigten Staaten von Nordamerika entwickelte. Er war ganz unmittelbar von den europäischen Erfahrungen geprägt und machte die klassizistische Baukunst zum ersten wirklich «internationalen Stil». Namentlich war es Thomas Jefferson, der spätere Präsident der USA, dem sich die Durchsetzung einer Architektur verdankte, welche sich an der italienischen Renaissance, vor allem an den Villen Andrea Palladios, ebenso wie an den Theorien der aktuellen Debatte in Frankreich orientierte. Sie sollte architektonische Symbole der jungen Demokratie hervorbringen. Jeffersons Villa Monticello bei Charlottesville (Abb. 44) ist beredter Ausdruck einer Baukunst, die das Kubische betonte, sich auf geometrische Grundformen beschränkte und stark an funktionalen Gesichtspunkten ausgerichtet war. Gleichwohl sind die Säulen, der Portikus oder die Kuppel auch hier als Würdeformeln zu verstehen, sollten aber zugleich weithin sichtbar das aufgeklärte Selbstverständnis der Bewohner signalisieren. Wie auch in seinen anderen Entwürfen – so etwa für die Universität oder das Kapitol von Virginia – folgte Jefferson, der als Architekt mehr als nur dilettierte, hier dem Ideal einer römisch-antiken Baukunst, die im öffentlichen wie im privaten Raum um Anschaulichkeit, also um die «charakteristische» Gestaltung der Teile und des Ganzen bemüht war. Auch die von Jefferson herangezogenen Architekten Pierre Charles L'Enfant und Benjamin Henry Latrobe, die mitverantwortlich für die Anlage und den Ausbau Washingtons zur Regierungsmetropole waren, ließen den Klassizismus in den Vereinigten Staaten zum Staatsstil avancieren. Dessen Besonderheit lag freilich auch darin, dass er, bei weitgehender Übernahme des für Steinbauten konzipierten europäischen Formenapparats, diesen oft genug auf Holz anwandte. Von den Südstaaten bis hinauf nach Massachusetts ist er bis heute die gängige Bauform der Elite und der staatlichen Repräsentation geblieben.

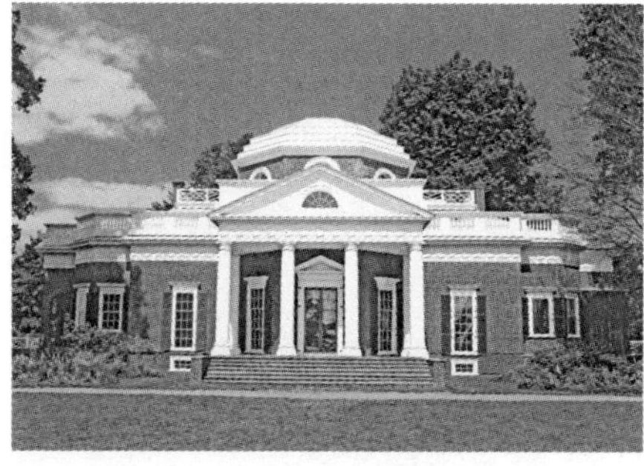

44 Thomas Jefferson: Villa Monticello bei Charlottesville, vollendet 1809

Wie für Frankreich gilt auch für Großbritannien, dass die klassizistische Tradition in der Baukunst weiter zurückreicht als in den anderen Kunstgattungen. Im 17. Jahrhundert hatte Inigo Jones den Palladianismus auf den britischen Inseln heimisch gemacht, und mit Chiswick House (1726–1729) hatte Lord Burlington diese dem norditalienischen Vorbild nachstrebende Baukunst zum Gegenentwurf zur spätbarocken Baupraxis des europäischen Festlands erhoben. Seitdem war in England eine sehr eigenständige klassische Architektur entstanden, die sich vermittelt über das Renaissancemodell an der Antike orientierte.

Mit Sir John Soane freilich brachte die britische Baukunst dann einen Architekten hervor, der auch mit diesem Erbe innovativ und virtuos umzugehen wusste. In seinem Individualismus kommt die Epoche auch in der Baukunst zu spektakulärer Wirkung. Soane wurde 1788 zum Baudirektor der Bank of England berufen. Der Gebäudekomplex der Bank, den er im Laufe von Jahrzehnten umbaute und erweiterte – er wurde in den 1920er Jahren schändlicherweise zerstört (Abb. 45) –, steht exemplarisch für eine Baukultur, die sich an den römischen Thermen orientierte, die aber keine sklavische Nachbildung war, sondern sich als souveräne Neuinterpretation des überkommenen Repertoires behauptete. Sie zeichnete sich durch ein Mindestmaß von Baudekor und die Konzentration auf Volumen, Ur- und Grundformen im Stil von Boullée und Ledoux aus. Soane verzichtete auf archäologische Details und den antiquarischen Gestus – ihm lag an einem Körper aus Licht und Dunkel, aus Öffnung und Schließung, der noch die Stützen zu ihrem eigenen Recht kommen ließ und sie von der dekorativen Pflicht befreite, Kapitelle zu tragen. Soane musste sich vom britischen Klassizis-

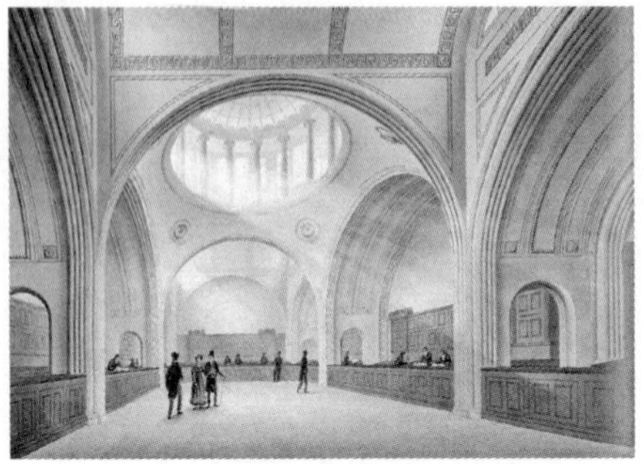

45 John Soane: Old Colonial Office der Bank of England in London, 1818–1823, kolorierter Stich, London, Sir John Soane's Museum

mus, wie ihn das 17. Jahrhundert vorbereitet hatte, befreien, um – allerdings ohne Preisgabe des Primats der Antike – zeitgenössisch bauen zu können. Außer an der in diesem Zusammenhang zu Recht immer wieder erwähnten Bank von England erprobte er dies auch an anderen Gebäuden. Wie stark sein Stil an seine Person gebunden blieb, wie sehr dabei die Figur des Architekten und alles, was ihn bedingte, zum Thema gerieten, erschließt sich an seinem heute zum Museum gewandelten Wohnhaus in London, das mitsamt seiner stupenden Sammlung zum veritablen Bildkörper des Architekten wurde. Es ist ein eindrucksvolles Beispiel dafür, wie Klassisches und Romantisches, das in der ausgeprägten ichbezogenen Geste Soanes lag, ineinander gehen können, ohne einander auszuschließen.

Architektur als Gesellschaftsbild

In Deutschland wurde die Architektur in dieser Zeit weniger von markanten Individualitäten bestimmt als vielmehr von der aktiven Teilhabe der Baukultur am gesellschaftlichen Prozess, dem betont öffentlichen Charakter des Bauwesens, der bürgerlichen Emanzipation und der wirtschaftlichen Revolution. Als Summe der theoretischen und geschichtsphilosophischen Positionen darf die von Christian Ludwig Stieglitz 1827 vorgelegte «Geschichte der Baukunst vom frühesten Alterthume bis in die neuern Zeiten» gelten. Stieglitz betont den Einklang von Kunst und Gesellschaft, wie er sich insbesondere in der Architektur beobachten lasse, und wählt Griechenland und das deutsche Mittelalter zu seinen Beispielen. Damit bringt er auch die eigentümliche Tendenz des deutschen Klassizismus auf den Punkt.

Deutschland war kein Land des Vitruvianismus; die erste vollständige deutsche Übersetzung von Vitruvs «Zehn Büchern über Architektur», dem einzigen erhaltenen antiken Architekturtraktat, erfolgte erst 1796. Und wenn sich eine an der Antike und an der italienischen Renaissance orientierte Baukunst auch hier auszubreiten begann, dann war dies vor allem dem Einfluss des englischen Palladianismus und der französischen Architekturtheorie zu verdanken – Jean-Nicolas Durands «Précis des leçons d'architecture» (1802) wurde zügig ins Deutsche übersetzt und wurde zu einem allerorts genutzten Handbuch. Es handelt sich dabei um den folgenreichsten Architekturtraktat der ersten Hälfte des 19. Jahrhunderts, der mit der vitruvianischen Lehre, aber auch mit Laugiers natürlicher Nachahmungslehre brach. Durand, ein Schüler Boullées, reduziert die Baukunst auf die Prinzipien der Zweckmäßigkeit und der Wirtschaftlichkeit, betrachtet das Quadrat und den rechten Winkel als die Grundformen aller Architektur und radikalisiert solchermaßen das Schlichtheitsgebot des Klassizismus.

Maßgebend für die Entwicklung der Architektur war auch in Deutschland die Charakterlehre, welche die Bauaufgaben aus dem feudalen Gesellschaftsmuster in ein unhierarchisches System überführte, in dem die verschiedenen Funktionen der Gebäude gleichberechtigt nebeneinander standen. Dazu gehörte, dass ein Zeichensystem die unterschiedlichen Stillagen eindeutig den verschiedenen Funktionen zuzuweisen erlaubte. Die mittelalterliche Architektur empfahl sich für Sakralbauten, der Rundbogenstil dagegen für die bürgerliche Baukunst; die Säulenordnung wurde ebenfalls als «sprechendes» Dekor eingesetzt, wobei die griechische dorische Ordnung bald eine besondere Konjunktur erleben sollte.

Mit der von Leopold III. Friedrich Franz Fürst von Anhalt-Dessau ab 1758 in die Wege geleiteten Verwandlung seines Fürstentums in eine veritable «Kunstlandschaft», in deren Zentrum das Schloss Wörlitz mit seinem Landschaftsgarten und seinen Staffagearchitekturen lag, holte die Baukunst in Deutsch-

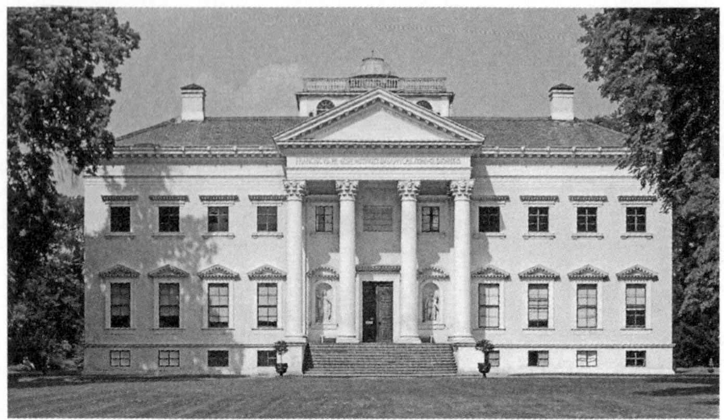

46 Friedrich Wilhelm von Erdmannsdorff: Schloss Wörlitz, 1769–1773

land einen langen Rückstand rasch und konzentriert auf. Die von Friedrich Wilhelm von Erdmannsdorff entworfene und beaufsichtigte Komposition feiert im Schloss (Abb. 46) einen Palladianismus englischer Prägung, der weitgehend auf Dekor und Ornament verzichtet – nur der Portikus mit seinen vier korinthischen Säulen und dem Dreiecksgiebel zeichnet den nüchternen, kubischen Baukörper als Fürstensitz aus: ein Landgut als Schloss. Auch sonst besitzt das Wörlitzer «Gartenreich» einen betont aufklärerischen Charakter. Der an englischen Landschaftsgärten orientierte weitläufige Park diente zugleich der landwirtschaftlichen Nutzung und geriet mit seinen Baumschulen, Obstanlagen und Viehweiden zum anschaulichen Unterricht der in der unmittelbaren Umgebung lebenden Bauern. Die quer über das Territorium verstreuten, durch Sichtachsen zueinander in Beziehung gesetzten Staffagearchitekturen (vom «Pantheon» über das «Gotische Haus» bis hin zu einem feuerspeienden Vesuv) sind Marksteine einer geschichtsphilosophischen Darstellung der Menschheits-, Architektur- und Naturgeschichte.

Die Wirkung, die von hier ausging, kann man nicht hoch genug einschätzen. Namentlich der unter Goethes rühriger Beteiligung angelegte Park an der Ilm in Weimar ist unmittelbar von

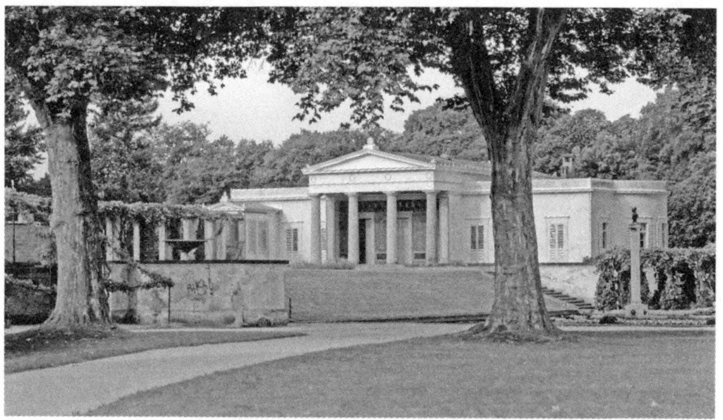

47 Karl Friedrich Schinkel und Peter Joseph Lenné: Charlottenhof von Sanssouci bei Potsdam, 1826–1829

Wörlitz beeinflusst; aber auch die vielen Landhäuser und Residenzen, die allerorten folgten, orientierten sich an Wörlitz, wobei sich allerdings oft genug der pädagogische Impetus des Vorbilds verflüchtigte. Der «Charlottenhof» von Sanssouci bei Potsdam (Abb. 47), der ab 1826 von Karl Friedrich Schinkel und Peter Joseph Lenné für König Friedrich Wilhelm IV. angelegt wurde, ist dafür ein aufschlussreiches Beispiel. Schinkel setzte hier verschiedene Stile geradezu spielerisch ein – den des italienischen Landhauses für das Hofgärtnerhaus, dorische und ionische Ordnungen für die Garten- bzw. die Zugangsseite des Schlosses sowie ein Konglomerat aus pompejianischem Haus, römischer Therme und griechischer Tempelarchitektur für die «Römischen Bäder». Doch die Anlage diente nicht der öffentlichen Erziehung, sondern als abgeschirmter Rückzugsort eines Königs; und dennoch zeichnet sie aus, dass sie ihre Bewohner und Betrachter bilden und «veredeln» möchte; über die rein ästhetische Wirkung der Architektur hinaus steht ihr persönlichkeits- und gesellschaftsformendes Potential im Mittelpunkt. Auch an sie wird die Forderung der Zeit gerichtet, sich selbst auszusprechen, also auf ihre eigene Zeigefähigkeit jenseits von malerischen oder skulpturalen Zutaten zu vertrauen.

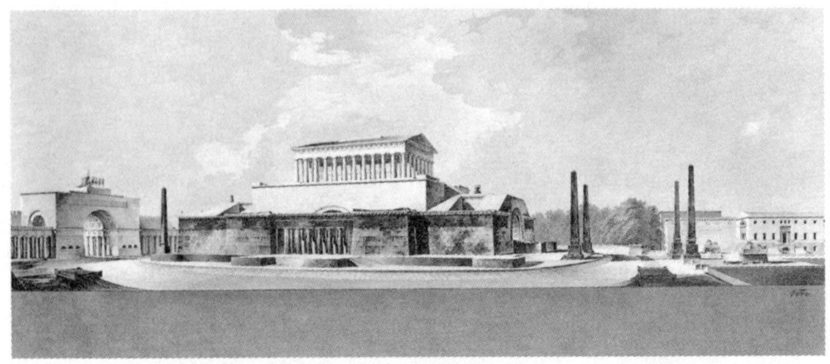

48 Friedrich Gilly: Entwurf zu einem Tempel als Denkmal für König Friedrich II., 1797, Berlin, Kupferstichkabinett

Im Werk Karl Friedrich Schinkels treffen diese Anforderungen an die Baukunst besonders anschaulich zusammen. Nachhaltig beeindruckt wurde er durch seinen Lehrer an der Berliner Bauakademie, Friedrich Gilly, dessen unrealisiert gebliebener Entwurf zu einem Tempel als Denkmal für König Friedrich II. (Abb. 48) eine Ikone des deutschen Klassizismus ist. In der Folge entfaltete Schinkel jedoch einen sachlicheren, pragmatischeren Baustil, der den jeweiligen Bauaufgaben nicht weniger verpflichtet war als der Fortentwicklung einer polyphonen Architektursprache.

Schon in seinem ersten größeren öffentlichen Auftrag, der Errichtung der «Neuen Wache» in Berlin (1816–1818), artikuliert sich ein ebenso traditions- wie selbstbewusster Geist (Abb. 49). Der an zentraler Stelle, gegenüber dem Berliner Schloss gelegene Bau sollte als Wachhaus wie auch als Gedenkstätte für die Gefallenen der Befreiungskriege dienen. Er ist in griechischen Formen errichtet; die Grundstruktur des freiliegenden Gebäudes folgt aber mit den vier Ecktürmen der Anlage eines römischen *Castrums*. In seinem Portikus tragen sechs dorische Säulen einen flachen Giebel, in welchem die Siegesgöttin als Schlachtenlenkerin erscheint – ein mehrteiliger Zinkguss, der mit einem Anstrich überzogen wurde, um mit dem Sandstein der Hauptansichtsseite zu korrespondieren. In dem Materialimitat kommt auch der hohe Fiktionsgrad zum Ausdruck, der diese Symbolar-

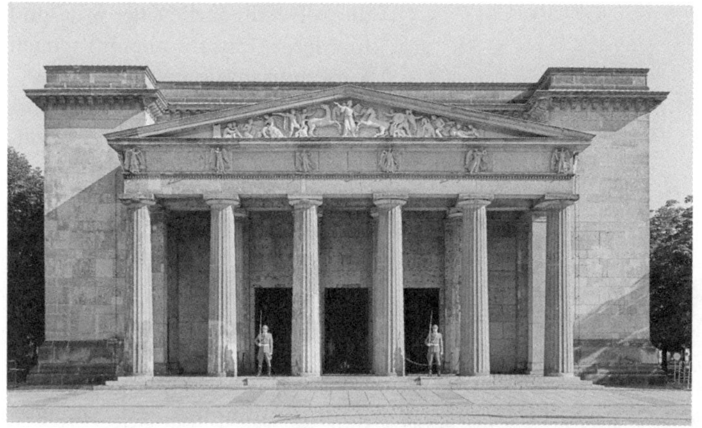

49 Karl Friedrich Schinkel: Neue Wache in Berlin, 1816–1818

chitektur insgesamt kennzeichnet. Im Gebälk findet sich nicht der für die dorische Ordnung obligatorische Fries aus sich abwechselnden Metopen- und Triglyphenfeldern; stattdessen entwarf Johann Gottfried Schadow über den Säulenachsen geflügelte, wie tanzend erscheinende Viktorien – ein die Architektur wunderbar leicht belebender Regelverstoß, der einen gänzlich freien, unbekümmerten Umgang mit den antiken Form- und Stilelementen signalisiert.

Gerade angesichts von Schinkels Werk erscheint die strikte Trennung von Klassizismus und Romantik als problematisch. Schließlich entwarf Schinkel nicht nur die neohellenistische «Neue Wache»; ihm verdankt sich auch die Friedrich-Werdersche Kirche in Berlin (1825–1828), für die er dem auftraggebenden König allerdings zunächst sowohl einen Entwurf in Formen der Renaissance als auch einen im gotischen Stil vorlegte. Die am Ende errichtete Kirche ist ein neogotischer Backsteinbau mit Zweiturmfassade, der norddeutsche Vorbilder des Mittelalters leicht modifiziert (Abb. 50). Damit ist aber nicht so sehr ein patriotischer Impetus verbunden, wie er etwa zeitgleich und unter Schinkels Teilhabe beim Projekt der Vollendung des Kölner Domes durchaus vorherrschte, sondern eben das Bewusstsein für

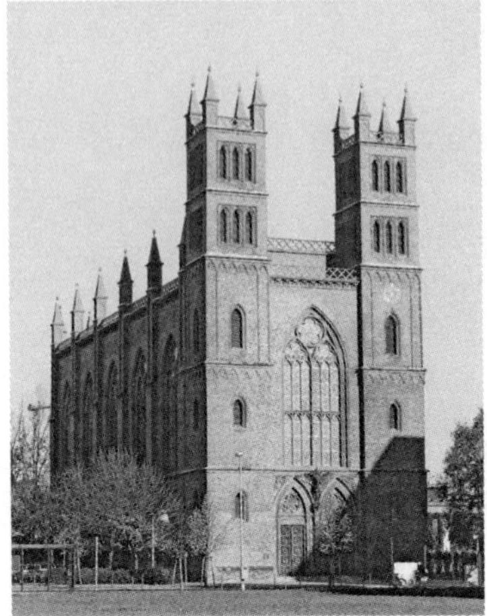

50 Karl Friedrich Schinkel: Friedrich-Werdersche Kirche in Berlin, 1824–1831

die Allverfügbarkeit der Stile und für deren Einsatz allenfalls nach Funktionszusammenhängen.

Denn zur selben Zeit wie die Friedrich-Werdersche Kirche vollendete Schinkel das Alte Museum (Abb. 51), das sich als offene, griechisch inspirierte Säulenhalle über einem Sockel zum Berliner Lustgarten hin öffnet. Die von Schinkel intendierte «öffentliche Halle» stellte eine hellenische Antithese zum benachbarten Schloss dar, die republikanische Freiheiten postulierte und die griechische Antike der eigenen Periode aneignete. Dabei war Schinkel bei seinem Entwurf maßgeblich von der französischen Baukunst, namentlich von Charles Percier, beeinflusst. Das Alte Museum, das den von Napoleon einst geraubten, an Berlin restituierten Kunstbesitz beherbergen sollte, geriert sich so im Idiom der französischen Moderne, wobei es sich, in bewusster Abgrenzung gegen den von Frankreich usurpierten Rombezug, griechisch und nicht römisch gibt.

Dass Schinkel den klassizistischen Prinzipien einer ästhetischen Bildung des Menschen auch durch die Architektur verbunden war, erhellt aus seiner Nähe zu Goethe. Dieser verfasste den Prolog zur Eröffnung von Schinkels Berliner Schauspielhaus im Mai 1821 und hob darin auf diese besondere Wirkungskraft der Baukunst ab: «So schmücket sittlich nun geweihten Saal / Und fühlt euch groß im herrlichsten Local. / Denn euretwegen hat der Architekt, / Mit hohem Geist, so edlen Raum bezweckt, / Das Ebenmaß bedächtig abgezollt, / Daß ihr euch selbst geregelt fühlen sollt.»

Wie sehr Goethe die Disposition eines Raumes oder eines Hauses mit dem inneren Wesen des Menschen gleichzusetzen bereit war, ist in «Wilhelm Meisters Lehrjahren» nachzule-

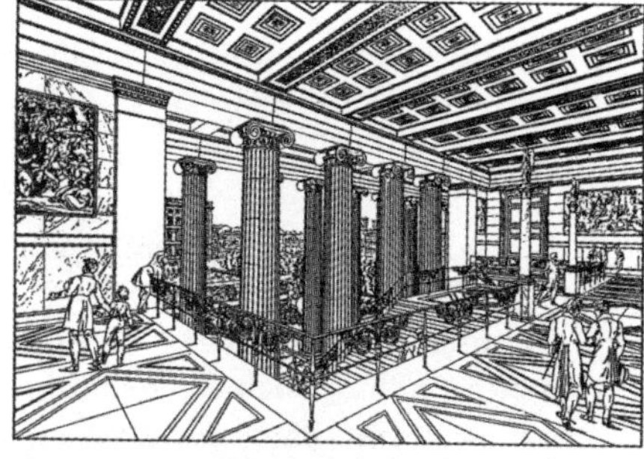

51 Karl Friedrich Schinkel: Altan hinter der Säulenfront des Alten Museums in Berlin, 1829, Stich

sen, wo er das Haus des Oheims, zumal dessen «ernsten harmonischen Eindruck», preist: «Hatte Pracht und Zierat mich sonst nur zerstreut, so fühlte ich mich hier gesammelt und auf mich selbst zurückgeführt.» Das korrespondiert mit Friedrich Schillers Überzeugung von der «ästhetischen Erziehung des Menschen»: «So wie sich ihm von außen her, in seiner Wohnung, seinem Hausgeräthe, seiner Bekleidung allmählig die Form nähert, so fängt sie endlich an, von ihm selbst Besitz zu nehmen, und anfangs bloss den äussern, zuletzt auch den innern Menschen zu verwandeln.» Im «Saal der Gegenwart und der Zukunft» bekennt Wilhelm Meister: «Alle diese Pracht und Zierde stellte sich in reinen architektonischen Verhältnissen dar, und so schien jeder, der hereintrat, über sich selbst erhoben zu sein, indem er durch die zusammentreffende Kunst erst erfuhr, was der Mensch sei und was er sein könne.»

Schinkel erkannte jedoch die Versuchung, die in einem vollkommen rationalistischen Architekturentwurf lag, wie er ihn etwa, unter bewusstem Rekurs auf Durands Modulsystem, im Alten Museum verfolgt hat. In einer späten Selbsteinschätzung schrieb er:

Sehr bald gerieth ich in den Fehler der rein radicalen Abstraction, wo ich die ganze Conception für ein bestimmtes Werk der Baukunst aus seinem nächsten trivialen Zweck allein und aus der Konstruction entwickelte, in diesem Fall entstand etwas Trockenes, starres das der Freiheit ermangelte und zwei wesentliche Elemente: das Historische und das Poetische ganz ausschloß. Ich forschte weiter, sah mich aber sehr bald in einem großen Labirinth gefangen: wo ich abwägen mußte wie weit das rationelle Princip wirksam seyn müsse, um den Trivial-Begriff des Gegenstandes festzustellen, und wie weit andererseits jenen höheren Einwirkungen von geschichtlichen und artistischen poetischen Zwecken der Eintritt dabei gestattet werden dürfe um das Werk zur Kunst zu erheben.

Der poetische Teil der Baukunst, den Goethe als den höchsten Zweck der Architektur erachtete, wurde so auch von seiten der Architekten als Desiderat und Primat erkannt. In Schinkels Äußerungen findet sich die vielleicht treffendste Formulierung dessen, was eine Baukunst zu leisten habe, die klassisch und romantisch zugleich operiert.

Gleichsam als Summe der Debatte, welche die deutsche Baukunst in dieser Zeit intensiv beschäftigte, darf der 1828 von Heinrich Hübsch unter dem vielsagenden Titel «In welchem Stile sollen wir bauen?» veröffentlichte Traktat gelesen werden. Dass sein Autor ihn den «Künstlern, welche sich zur Säcular-Feier Albrecht Dürers am sechsten April 1828 zu Nürnberg versammeln», gewidmet hat, ist ein beredter Ausweis seiner Absicht, auch die Architektur von der sklavischen Verpflichtung auf das Vorbild der Alten zu befreien und ganz mit der eigenen Zeit und der eigenen Vergangenheit in Einklang zu bringen: «Die Malerei und Bildhauerei haben in der neueren Zeit längst die tote Nachahmung der Antike verlassen. Die Architektur allein ist noch nicht mündig geworden, sie fährt fort, den antiken Styl nachzuahmen», so der Schüler des Karlsruher Klassizisten Friedrich Weinbrenner. Er plädiert für eine Baukunst, die – in Anerkennung der Leistungen früherer Epochen und fremder Kulturen – das lokale Baumaterial, den aktuellen technischen und statischen Standard sowie die jeweiligen klimatischen Bedingungen und den davon abhängigen Charakter der jeweiligen Kultur berücksichtigt. Darüber hinaus insistiert er auf dem Kriterium der Wahrheit, das er zumal im Primat einer in sich sinnfälligen, bloße Effekte vermeidenden Konstruktion eingelöst sieht. Ja, der konstruktive Aspekt wird bei ihm selbst zum stilbildenden Element. Aus der griechischen Baukunst will er das Prinzip der Einfachheit übernommen wissen, ohne freilich für ihre Nachahmung einzutreten. Die tradierte klassische Architektur aber verurteilt er als «Lügenstyl», da deren Ordnungen und Verzierungen statisch gänzlich verzichtbar seien. Hübschs Revision der Klassik hat den von ihm selbst favorisierten Rundbogenstil befördert, den er funktional-konstruktiv begründete, aber nicht anders als die griechische oder die gotische Bauart als Variante historischer Stilvorlieben wertete. Seine enorm populäre Schrift, welche die Ausbildung der Neoromanik massiv beeinflusste, ist deshalb aufschlussreich, weil sie dazu aufrief, das Arsenal der Baugeschichte nicht mehr nur nach kanonischen Idealen, sondern nach Kriterien der Funktionalität und Nützlichkeit zu aktivieren. Darin korrespondierte sie auch mit jenen Positionen, die sich europaweit im ersten Viertel des 19. Jahrhunderts durchgesetzt hatten.

Epochale Einfachheit im Interieur

Dass sich auch das Interieur nach Maßgabe des Stilverhaltens in der Baukunst veränderte, ist schon angesichts der ihm zugeschriebenen «bildenden» Kraft folgerichtig. Der Wandel wurde 1793 programmatisch formuliert in der August-Ausgabe des «Journals des Luxus und der Moden», das 1786–1827 von Friedrich Justin Bertuch in Weimar verlegt, aber weit darüber hinaus gelesen wurde und das in seiner Wirkung gar nicht hoch genug einzuschätzen ist: «Kein Artikel des Luxus hat zu unserer Zeit mehr wesentliche Veränderungen und nützliche Verbesserungen erhalten, als das Ammeublement. Vordem trat Prunk dabey an die Stelle der wahren Reichheit, und kindische zweckwidrige Verzierungen hielt man oft für Schönheit und Geschmack.» Zumal das Weimarer Wittumspalais, der Alterssitz der Herzoginmutter Anna Amalia, sollte zu einer Art Schauraum der neuesten Tendenzen geraten. Das sogenannte Tafelrunde-Zimmer (Abb. 52) gehorcht ganz den Geboten des zunehmend bürgerlichen Einrichtungsgeschmacks, wie ihn das «Journal» beförderte:

Der neueste und gewiss beste Geschmack in dieser Art ist, die Wände [...] in reguläre Felder abzutheilen, diese mit einer sanften egalen

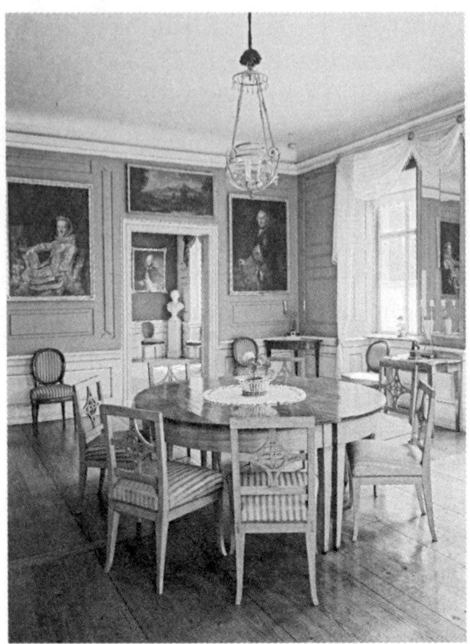

52 Sogenanntes Tafelrunde-Zimmer im Wittumspalais in Weimar

Grundfarbe, als grün, gelb, grau, roth oder blau, anzustreichen, und sie rundherum mit einer gemahlten Bordüre von anderer dazu passenden Farbe einzufassen, den Lambris [die untere, holzvertäfelte Zimmerwandhälfte] grau mit Feldern auszusetzen, Thüren und Fenster aber silbergrau mit Oelfarbe anzustreichen. Zimmer in diesem Geschmacke bekommen ein solides, schönes Aussehen, und das Auge ruht sanft auf den grossen einfarbigen Feldern, auf welche man Mahlereien oder schöne Kupferstiche und Handzeichnungen hängen kann, ohne ihrem Effekte zu schaden. (1797)

Keinem kommt in Hinblick auf die theoretische Grundlegung dieser Ausstattungspraxis, welche die ästhetische Eigenwertigkeit noch der bloßen Wand forderte, eine bedeutendere Rolle zu als dem Schriftsteller und Berliner Akademieprofessor Karl Philipp Moritz. In seiner programmatischen Schrift «Die Signatur des Schönen» (1788) hatte dieser gefordert, dass das «innere Wesen» durch seine äußere Form enthüllt werde, welche die «innewohnende Natur am deutlichsten durch ihre zarte Oberfläche schimmern» lasse. Zugleich erklärte er damit die bildkünstlerische Vorliebe des Klassizismus für das gänzlich Nackte: «Denn die Nacktheit selbst entsteht ja aus der vollkommensten Bestimmtheit aller Teile, wodurch das Zufällige von der vollendeten Bildung ausgeschlossen wird, und nur das Wesentliche an der Oberfläche erscheint.»

Moritz teilte die klassizistische Welt strikt in Oppositionen auf: «Das Gebildete gegen das Ungebildete, das Organisierte gegen das Unorganisierte, Ordnung gegen Chaos.» Damit erschütterte er die traditionelle Rolle des Ornaments und stemmte sich gegen jede Zufälligkeit des Schmucks, der alle Spielerei vermeiden sollte, wie sie sich etwa in der asymmetrischen, scheinbar unorganisierten Rocaille artikulierte. Mit Moritz suchte der Klassizismus nach Beherrschung und Kontrolle einer durch die Vielheit bedrohten Einbildungskraft. Er erkannte auch hier in der Antike – die in Wahrheit freilich weit regelloser war – das verlässliche Maß solcher innerlichen wie äußerlichen Gefasstheit. In seiner Schrift «Die Säule» fordert Moritz: «Die Zierrath muß also nichts Fremdartiges enthalten, sie muß nichts enthalten, wodurch unsere Aufmerksamkeit von der Sache selbst abgezogen wird, sondern sie muß vielmehr das Wesen der Sache, woran sie befindlich ist, auf alle Weise andeuten und bezeichnen, damit wir in der Zierrath die Sache selbst gleichsam wieder erkennen und wiederfinden. Je bedeutender daher die Zierrath ist, desto schöner ist sie.»

In der «Allgemeinen Theorie der schönen Künste», dem wichtigsten kunsttheoretischen Lexikon der Zeit, definiert Johann Georg Sulzer die Verzierungen gar als «einzelne Theile, die nicht zur wesentlichen Beschaffenheit eines Werks der Kunst gehören [...] Sie können überall, wo sie angebracht sind, weggenommen werden, ohne das Werk mangelhaft zu machen oder seine Art zu verändern.» Diese Überzeugung, die das Wesen eines Dinges nicht durch Schmuck verfremdet oder überformt sehen wollte, erkannte das antike Formenrepertoire, das man in Kampanien und zumal in Herculaneum ausgegraben hatte, als Kanon an und versuchte, diesen auch auf die praktischen Künste anzuwenden. In seiner Akademierede «Über den Einfluß des Studiums der schönen Künste auf Manufakturen und Gewerbe» (1793) formulierte Moritz: «Dies Studium der Antike aber [...] ist allein fähig, den Launen der Mode ihre Grenzen vorzuschreiben, und die Grundsätze des guten Geschmacks zu bestimmen [...].» Und er fährt fort: «[...] unsere Gefäße werden immer geschmackvoller, je mehr die schönen Formen der Alten darin nachgebildet werden – und die Verzierungen, welche uns das schöne Altertum überliefert hat, behaupten sich immer in ihrem Werte, und sind durch neuerfundene noch nicht verdrängt worden.»

Wie umfänglich schließlich die Lebenswelt von diesen Prinzipien erfasst werden sollte, artikuliert sich in den von Moritz aufgerufenen «mannigfachen Fächern» der «öffentlichen Betriebsamkeit»:

Wenn der gute Geschmack einmal allgemein verbreitet werden soll, so sind selbst die Formen und Verzierungen an Dosen, Uhrketten, Schnallen, Knöpfen und Stockknöpfen; die Ausschmückungen an Fächern; die Bildschnitzarbeit an Stühlen, Kanapee's und Sopha's; die Formen und Verzierungen der Öfen; Spiegelrähmen, Tischfüße, Wandleuchter, Uhrgehäuse usw., nicht ganz gleichgültige Gegenstände [...]. Auch würden wohlgewählte Muster zu antiker, grotesker, und architektonischer Stubenmalerei; eine Auswahl der schicklichsten Verzierungen zu Stuckaturarbeiten; Vorbilder zu geschmackvollen Tafelaufsätzen für Konditorei; Modell zu Tischen, Schränken, und Kommoden; Buchdruckerstöcke; Formen für Kattundruckereien; wohlgewählte Verzierungen für den Band der Bücher usw. lauter Gegenstände sein, worauf eine Akademie durch ihre Kunstschulen den nützlichsten Einfluß haben könnte.

Dass solche ästhetischen Vorgaben programmatischer Einfachheit nicht nur mit dem klassizistischen Kunsthandwerk, sondern ebenso sehr mit der Ausstattungskultur des Biedermeier korrespondieren, ist länger schon erkannt worden. Dessen Formensprache ist in sämtlichen künstlerischen Bereichen, vor allem aber in der Möbelkunst gleichfalls bestimmt durch klare, reduzierte Formen, leuchtende Farben, den Verzicht auf Oberflächendekor und die Betonung der Einfachheit (Abb. 37). So erlaubt noch die Möblierung der Alltagswelt, die gesamte Epoche als Periode einer durchgängigen frühmodernen Erneuerung zu begreifen.

Literaturhinweise

Ausstellungskataloge, Einführungen, Übersichtsdarstellungen F. Antal, *Classicism and Romanticism*, London 1966. | A. Beyer (Hg.), *Klassik und Romantik* (Geschichte der bildenden Kunst in Deutschland, Bd. 6), München 2006. | A. Beyer/E. Osterkamp: *Goethe-Handbuch Kunst*, Stuttgart 2011. | W. Beyrodt u. a. (Hg.), *Kunsttheorie und Kunstgeschichte des 19. Jahrhunderts in Deutschland*, Bd. 1: *Kunsttheorie und Malerei, Kunstwissenschaft*, Stuttgart 1982. | E. Bowron (Hg.), *Art in Rome. The Eighteenth Century*, Ausst.-Kat., Philadelphia Museum of Art, Philadelphia 2000. | W. Busch, *Das unklassische Bild. Von Tizian bis Constable*, München 2009. | G. Faroult u. a. (Hg.), *L'Antiquité rêvée. Innovations et résistances au XVIIIe siècle*, Ausst.-Kat., Paris, Musée du Louvre, Paris 2010. | W. Hofmann, *Das entzweite Jahrhundert. Kunst zwischen 1750 und 1830*, München 1995. | K. Lankheit, *Revolution und Restauration*, Baden-Baden 1980. | S. Schulze (Hg.), *Goethe und die Kunst*, Ausst.-Kat., Franfurt a.M., Schirn Kunsthalle, Stuttgart 1994. | R. Rosenblum, *Transformations in Late Eighteenth Century Art*, Princeton 1970. | R. Toman (Hg.), *Klassizismus und Romantik*, Köln 2000. | H. Uerlings (Hg.), *Theorie der Romantik*, Stuttgart 2000. | *The Age of Neoclassicism*, Ausst.-Kat., London, Royal Academy/Victoria & Albert Museum, London 1972. | C. Vitali (Hg.), *Ernste Spiele. Der Geist der Romantik in der deutschen Kunst 1790–1990*, Ausst.-Kat., München, Haus der Kunst, München 1995. | W. Voßkamp (Hg.), *Theorie der Klassik*, Stuttgart 2009. | N. Wolf, *Klassizismus und Romantik*, Stuttgart 2002.

Lexika *Ästhetische Grundbegriffe*, hg. v. K. Barck u. a., Stuttgart 2000ff. | *Geschichtliche Grundbegriffe*, hg. v. O. Brunner u. a., Stuttgart 1972ff. | *Historisches Wörterbuch der Philosophie*, hg. v. J. Ritter u. a., Basel 1971ff. | *Metzler Lexikon Kunstwissenschaft*, hg. v. U. Pfisterer, Stuttgart 2003. | *Wörterbuch der Rhetorik*, hg. v. G. Ueding, Tübingen 1992ff.

Zwei Signaturen, eine Epoche W. Busch, *Das sentimentalische Bild. Die Krise der Kunst im 18. Jahrhundert und die Geburt der Moderne*, München 1993. | D. Cohn, *La Lyre d'Orphée. Goethe et l'esthétique*, Paris 1999. | R. Kanz/J. Schönwälder, *Ästhetik des Charakteristischen: Quellentexte zu Kunstkritik und Streitkultur in Klassizismus und Romantik*, Göttingen 2008. | R. Koselleck, *Das achtzehnte Jahrhundert als Beginn der Neuzeit*, in: ders. u. a. (Hg.), *Epochenschwelle und Epochenbewußtsein*, München

1987, 269–282. | Ders., *Vergangene Zukunft. Zur Semantik geschichtlicher Zeiten*, Frankfurt a.M. 1979. | H.R. Jauß, *Studien zum Epochenwandel der ästhetischen Moderne*, Frankfurt a.M. 1989. | Sabine M. Schneider, *Klassizismus und Romantik – Zwei Konfigurationen der* einen *ästhetischen Moderne. Konzeptuelle Überlegungen und Neuere Forschungsperspektiven*, in: *Jahrbuch der Jean-Paul-Gesellschaft* 37 (2002), 86–128. | C. Zelle, *«Nous qui sommes si modernes, serons anciens dans quelques siècles». Zu den Zeitkonzeptionen in den Epochenwenden der Moderne*, in: G. v. Graevenitz (Hg.), *Konzepte der Moderne*, Stuttgart 1999, 497–520.

Das Jahrhundert Winckelmanns E. Décultot, *Untersuchungen zu Winckelmanns Exzerptheften. Ein Beitrag zur Genealogie der Kunstgeschichte im 18. Jahrhundert*, Ruhpolding 2004. | T.W. Gaehtgens (Hg.), *Johann Joachim Winckelmann. 1717–1768*, Hamburg 1986. | C. Justi, *Winckelmann und seine Zeitgenossen*, Köln ^{5}1956. | A. Potts, *Flesh and Ideal. Winckelmann and the Origins of Art History*, New Haven/London 1994. | E. Osterkamp, *«Der Kraft spielende Übung». Studien zur Formgeschichte der Künste seit der Aufklärung*, Göttingen 2010.

Paris versus Rom – Zwei Metropolen des Klassizismus P. Citron, *La Poésie de Paris dans la littérature française de Rousseau à Baudelaire*, Paris 1961. | I. Oesterle, *Paris – das moderne Rom?*, in: C. Wiedemann (Hg.), *Rom Paris London. Erfahrung und Selbsterfahrung deutscher Schriftsteller und Künstler in den fremden Metropolen*, Stuttgart 1988, 375–419. | M. Schweiger, *Paris im Erlebnis der deutschen Dichter von Herder bis R.M. Rilke*, München 1943. | B. Savoy, *Kunstraub. Napoleons Konfiszierungen in Deutschland und die europäischen Folgen*, Köln 2010.

Malerei S. Allard/M.-C. Chaudonneret, *Le Suicide de Gros – Les peintres de l'Empire et la Génération romantique*, Paris 2011. | O. Bätschmann, *Die Entfernung der Natur. Landschaftsmalerei 1750–1920*, Köln 1982. | M. Bertsch u.a. (Hg.), *Landschaft am «Scheidepunkt». Evolutionen einer Gattung in Kunsttheorie, Kunstschaffen und Literatur um 1800*, Göttingen 2010. | A. Boime, *Art in an Age of Counterrevolution 1815–1848*, Chicago 2004. | N. Bryson, *Tradition and Desire. From David to Delacroix*, Cambridge 1984. | W. Busch, *Die notwendige Arabeske. Wirklichkeitsaneignung und Stilisierung in der deutschen Kunst des 19. Jahrhunderts*, Berlin 1985. | E. Décultot, *Peindre le paysage. Discours théorique et renouveau pictural dans le romantisme allemand*, Tusson 1996. | M. Fried, *Absorption and Theatricality. Painting and the Beholder in the Age of Diderot*, Berkeley 1980. | H. Frank, *Aussichten ins Unermeßliche. Perspektivität und Sinnoffenheit bei Caspar David Friedrich*, Berlin 2004. | S. Germer/M. Zimmermann (Hg.), *Bilder der Macht, Macht der Bilder. Zeitgeschichte in Darstellungen des 19. Jahrhunderts*, München 1997. | J. Grave, *Caspar David Friedrich und die Theorie des Erhabenen. Friedrichs*

«Eismeer» als Antwort auf einen zentralen Begriff der zeitgenössischen Ästhetik, Weimar 2001. | W. Hofmann (Hg.), *Kunst um 1800* (Ausstellungsreihe, Hamburger Kunsthalle, 1974–1981). | M. Hollein u.a. (Hg.), *Religion Macht Kunst. Die Nazarener*, Ausst.-Kat., Frankfurt a.M., Schirn Kunsthalle, Köln 2005. | W. Kemp, *Der Anteil des Betrachters. Rezeptionsästhetische Studien zur Malerei des 19. Jahrhunderts*, München 1983. | G. Neumann u.a. (Hg.), *Bild und Schrift in der Romantik*, Würzburg 1999. | R. Ubl, *Eugène Delacroix' Figuration der Freiheit*, in: F. Balke u.a. (Hg.), *Ästhetische Regime um 1800*, München 2009, 139–164.

Skulptur P. Bloch u.a. (Hg.), *Ethos und Pathos. Die Berliner Bildhauerschule 1786–1914*, Berlin 1990. | G. Bott (Hg.), *Künstlerleben in Rom: Bertel Thorvaldsen (1770–1844), der dänische Bildhauer und seine deutschen Freunde*, Nürnberg 1991. | H. Bück u.a. (Hg.), *Ideal und Wirklichkeit der bildenden Kunst im späten 18. Jahrhundert*, Berlin 1984. | M. Bückling/G. Scherf, *Jean-Antoine Houdon: Die sinnliche Skulptur*, Ausst.-Kat., Frankfurt a.M., Liebieghaus, Frankfurt a.M. 2009, München 2009. | H. Keller, *Die Kunst des 18. Jahrhunderts*, Berlin 1990. | F. Licht, *Antonio Canova*, München 1983. | B. Maaz, *Sinnlichkeit und Kunst. Der Wertewandel des 19. Jahrhunderts*, München 2004. | W. Sauerländer, *Essai sur les visages des bustes de Houdon*, Paris 2005. | H. Tesan, *Thorvaldsen und seine Bildhauerschule in Rom*, Köln 1998.

Architektur H. Biehn, *Residenzen der Romantik*, München 1970. | M.W. Brown, *American Art to 1900. Painting, Sculpture, Architecture*, New York 1977. | A. v. Buttlar, *Der Landschaftsgarten. Gartenkunst des Klassizismus und der Romantik*, Köln 1989. | A. Horn-Oncken, *Über das Schickliche. Studium zur Geschichte der Architekturtheorie*, Göttingen 1967. | C.-A. Isermeyer, *Empire*, München 1977. | E. Kaufmann, *Architecture in the Age of Reason. Baroque and Postbaroque in England, Italy and France*, Cambridge 1955. | H.-W. Kruft, *Geschichte der Architekturtheorie. Von der Antike bis zur Gegenwart*, München 1985. | G. Metken u.a. (Hg.), *Revolutionsarchitektur. Boullée, Ledoux, Lequeu*, Ausst.-Kat., Baden-Baden, Staatliche Kunsthalle, Baden-Baden 1970. | W. Nerdinger u.a. (Hg.), *Revolutionsarchitektur. Ein Aspekt der europäischen Architektur um 1800*, München 1990. | H. Ottomeyer u.a. (Hg.), *Biedermeier. Die Erfindung der Einfachheit*, Ausst.-Kat., Milwaukee Art Museum u.a., Ostfildern 2006. | J.-M. Pérouse de Montclos, *De la Renaissance à la Révolution*, Paris 1989. | K.J. Philipp, *Um 1800. Architekturkritik und Architekturtheorie in Deutschland zwischen 1790 und 1815*, Stuttgart 1997. | A. Stiegel, *Berliner Möbelkunst vom Ende des 18. bis zur Mitte des 19. Jahrhunderts*, Berlin 2003. | W. Szambien, *Jean-Nicolas Louis Durand: 1760–1834. De l'imitation à la norme*, Paris 1984.

Register

Kursive Seitenzahlen verweisen auf Abbildungen.

C.H.BECK WISSEN

GESAMTVERZEICHNIS

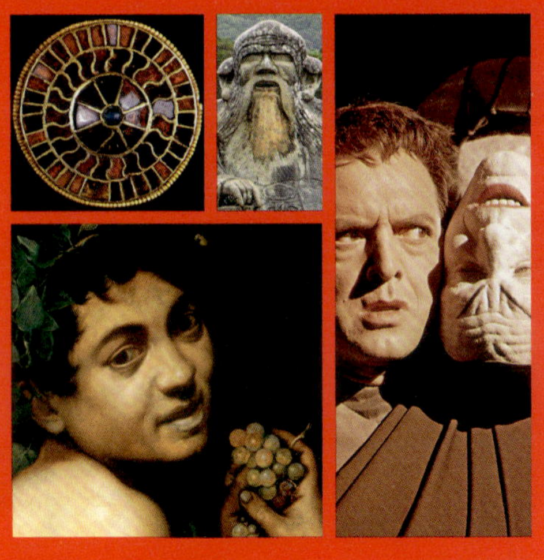

INHALT

Die Bände haben jeweils einen Umfang von rund 128 Seiten und sind teilweise bebildert und mit Karten versehen.
Sie kosten
€ 8,95[D] | € 9,20[A] oder
€ 9,95[D] | € 10,30[A].
Innerhalb der Kapitel sind die Titel nach Themen sortiert.

GESCHICHTE – EPOCHENÜBERGREIFEND

Edgar Wolfrum
Stefan Westermann
Die 101 wichtigsten Personen der deutschen Geschichte
(bw 2847)

Udo Sautter
Die 101 wichtigsten Personen der Weltgeschichte
(bw 2193)

Klaus-Jürgen Matz
Die 1000 wichtigsten Daten der Weltgeschichte
(bw 2148)

Gerhard Leitner
Die Aborigines Australiens
(bw 2389)

Walter Demel
Sylvia Schraut
Der deutsche Adel
(bw 2832)

Walter Demel
Der europäische Adel
(bw 2379)

Claus Priesner
Geschichte der Alchemie
(bw 2718)

Hansjörg Küster
Die Alpen
(bw 2909)

Harald Kleinschmidt
Die Angelsachsen
(bw 2728)

NEU
Werner Bergmann
Geschichte des Antisemitismus
(bw 2187)

Heinz Halm
Die Araber
(bw 2343)

Edgar Hösch
Geschichte des Balkans
(bw 2356)

Andreas Müller
Berg Athos
(bw 2351)

Franz Meußdoerffer
Martin Zarnkow
Das Bier
(bw 2792)

Andreas Fahrmeir
Deutsche Geschichte
(bw 2875)

Jürgen Sarnowsky
Der Deutsche Orden
(bw 2428)

Volker Reinhardt
Geschichte von Florenz
(bw 2773)

NEU

Ute Gerhard
Frauenbewegung und Feminismus
(bw 2463)

Bernd-Stefan Grewe
Gold
(bw 2889)

Matthias Egeler
Der heilige Gral
(bw 2896)

Frank-Lothar Kroll
Die Hohenzollern
(bw 2426)

Berthold Riese
Die Inka
(bw 2867)

Klaus Kreiser
Geschichte Istanbuls
(bw 2481)

Jürgen Sarnowsky
Die Johanniter
(bw 2737)

Kurt Schubert
Jüdische Geschichte
(bw 2018)

Jürgen Kocka
Geschichte des Kapitalismus
(bw 2783)

Christoph Nonn
Das Deutsche Kaiserreich
(bw 2870)

Andreas Kappeler
Die Kosaken
(bw 2768)

Stefan Rinke
Geschichte Lateinamerikas
(bw 2703)

Berthold Riese
Machu Picchu
(bw 2341)

Berthold Riese
Die Maya
(bw 2026)

Dirk Hoerder
Geschichte der deutschen Migration
(bw 2494)

Jochen Oltmer
Globale Migration
(bw 2761)

Karénina Kollmar-Paulenz
Die Mongolen
(bw 2730)

Bernd Kluge
Münzen
(bw 2861)

Hans-Ulrich Wehler
Nationalismus
(bw 2169)

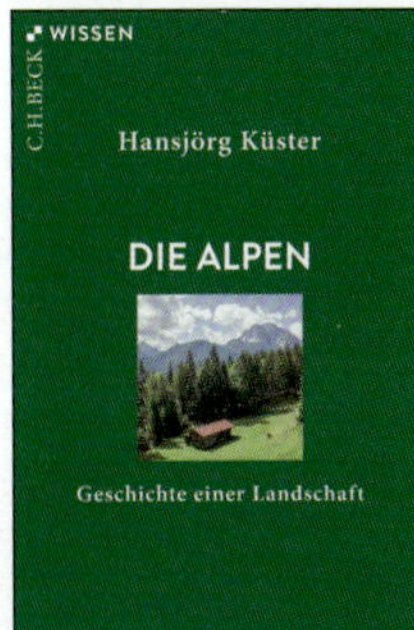

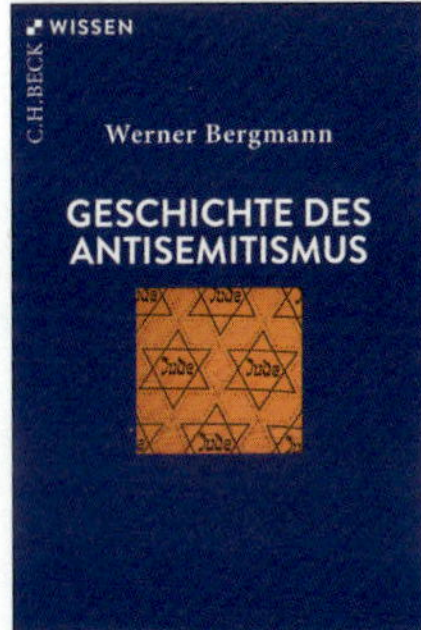

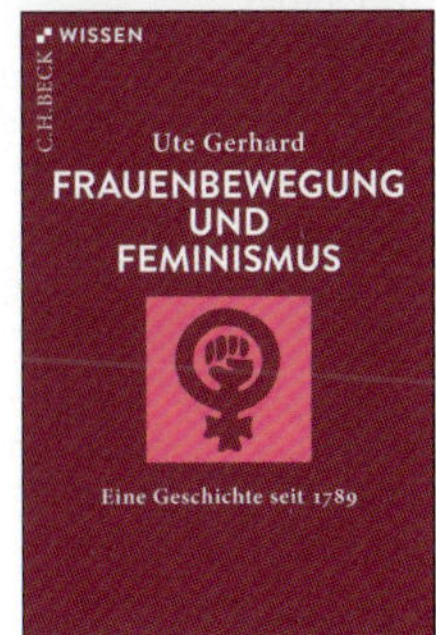

NEU
Thomas W. Gaethgens
Notre-Dame
(bw 2913)

Sabine Doering-Manteuffel
Okkultismus
(bw 2713)

NEU
Suraiya Faroqhi
Geschichte des Osmanischen Reiches
(bw 2021)

Winfried Böhm
Geschichte der Pädagogik
(bw 2353)

Klaus Bergdolt
Die Pest
(bw 2411)

Robert Bohn
Die Piraten
(bw 2327)

NEU
Christian Geulen
Geschichte des Rassismus
(bw 2424)

Mathias Rohe
Das islamische Recht
(bw 2777)

Ulrich Manthe
Geschichte des Römischen Rechts
(bw 2132)

Volker Reinhardt
Geschichte Roms
(bw 2325)

Daniel-Erasmus Khan
Das Rote Kreuz
(bw 2757)

Wolfgang Schwentker
Die Samurai
(bw 2188)

Christian Mann
Schach
(bw 2899)

Franz-Michael Konrad
Geschichte der Schule
(bw 2406)

Robert Bohn
Geschichte der Seefahrt
(bw 2722)

Thomas Höllmann
Die Seidenstraße
(bw 2354)

Karola Fings
Sinti und Roma
(bw 2707)

NEU
Andreas Eckert
Geschichte der Sklaverei
(bw 2920)

Eduard Mühle
Die Slawen
(bw 2872)

Peter Rohrsen
Der Tee
(bw 2790)

Stefan Fisch
Geschichte der europäischen Universität
(bw 2702)

Arne Karsten
Geschichte Venedigs
(bw 2756)

Hansjörg Küster
Der Wald
(bw 2891)

Daniel Deckers
Wein
(bw 2793)

Thomas Vogtherr
Die Welfen
(bw 2830)

John C. G. Röhl
Wilhelm II.
(bw 2787)

Peter Alter
Die Windsors
(bw 2461)

Ernst Peter Fischer
Das wichtigste Wissen
(bw 2910)

Hans-Michael Körner
Die Wittelsbacher
(bw 2458)

Harald Haarmann
Weltgeschichte der Zahlen
(bw 2450)

Thomas Vogtherr
Zeitrechnung
(bw 2163)

Michael Brenner
Geschichte des Zionismus
(bw 2184)

– ALTE GESCHICHTE

Hans-Joachim Gehrke
Alexander der Große
(bw 2043)

Hartwin Brandt
Das Ende der Antike
(bw 2151)

Eva Cancik-Kirschbaum
Die Assyrer
(bw 2328)

Ulrich Sinn
Athen
(bw 2336)

Peter Funke
Athen in klassischer Zeit
(bw 2074)

Angela Pabst
Die athenische Demokratie
(bw 2308)

Werner Eck
Augustus und seine Zeit
(bw 2084)

Michael Jursa
Die Babylonier
(bw 2349)

Ralph-Johannes Lilie
Byzanz
(bw 2085)

Martin Jehne
Caesar
(bw 2044)

Wilfried Stroh
Cicero
(bw 2440)

Michael Maaß
Das antike Delphi
(bw 2431)

Bernhard Maier
Die Druiden
(bw 2466)

Hermann A. Schlögl
Echnaton
(bw 2441)

Hansjürgen Müller-Beck
Die Eiszeiten
(bw 2363)

Friedhelm Prayon
Die Etrusker
(bw 2040)

Friedemann Schrenk
Die Frühzeit des Menschen
(bw 2059)

NEU
Herwig Wolfram
Die Germanen
(bw 2004)

Christian Mann
Die Gladiatoren
(bw 2772)

Rudolf Simek
Götter und Kulte der Germanen
(bw 2335)

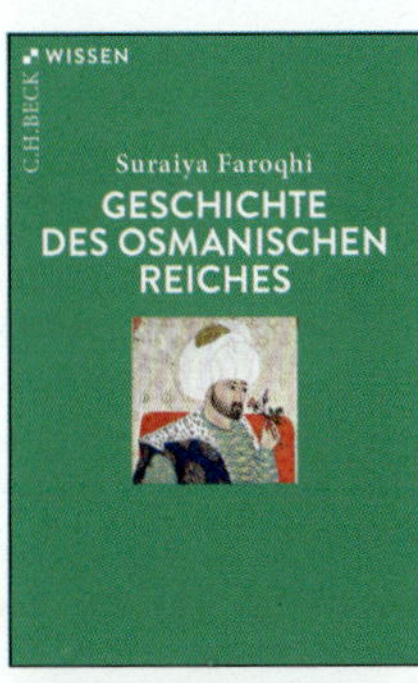

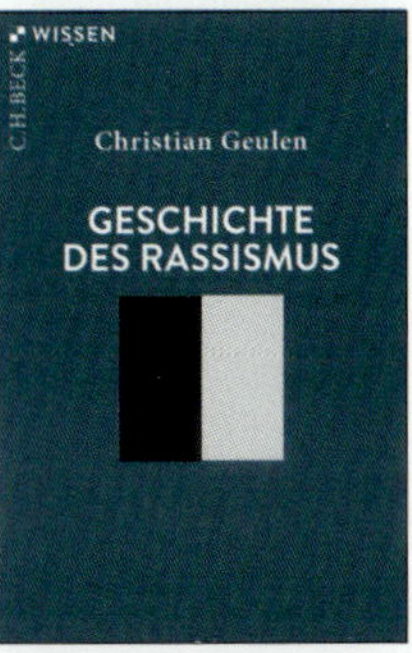

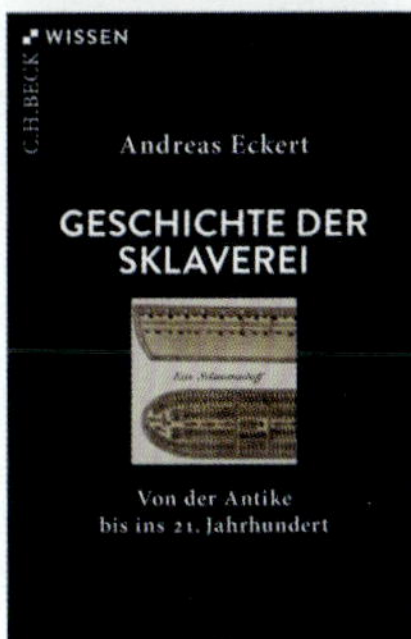

Manfred Krebernik
Götter und Mythen des Alten Orients
(bw 2708)

Herwig Wolfram
Die Goten und ihre Geschichte
(bw 2179)

Sigrid Deger-Jalkotzy
Dieter Hertel
Das Mykenische Griechenland
(bw 2860)

Karl-Wilhelm Welwei
Die griechische Frühzeit
(bw 2185)

Detlef Lotze
Griechische Geschichte
(bw 2014)

Pedro Barceló
Hannibal
(bw 2092)

Heinz Heinen
Geschichte des Hellenismus
(bw 2309)

Jörg Klinger
Die Hethiter
(bw 2425)

Barbara Patzek
Homer und seine Zeit
(bw 2302)

Timo Stickler
Die Hunnen
(bw 2433)

Harald Haarmann
Die Indoeuropäer
(bw 2706)

Eckart Otto
Das antike Jerusalem
(bw 2418)

Mischa Meier
Justinian
(bw 2332)

Alexander Demandt
Die Kelten
(bw 2101)

Elmar Schwertheim
Kleinasien in der Antike
(bw 2348)

Manfred Clauss
Kleopatra
(bw 2009)

Manfred Clauss
Konstantin der Große und seine Zeit
(bw 2042)

Peter Schreiner
Konstantinopel
(bw 2364)

Egon Schallmayer
Der Limes
(bw 2318)

Karen Radner
Mesopotamien
(bw 2877)

Leonhard Burckhardt
Militärgeschichte der Antike
(bw 2447)

Hans Kloft
Mysterienkulte der Antike
(bw 2106)

Friedemann Schrenk
Stephanie Müller
Die Neandertaler
(bw 2373)

Jürgen Malitz
Nero
(bw 2105)

Hermann A. Schlögl
Nofretete
(bw 2763)

Bruno Bleckmann
Der Peloponnesische Krieg
(bw 2391)

Martin Zimmermann
Pergamon
(bw 2740)

Wolfgang Will
Die Perserkriege
(bw 2705)

Michael Sommer
Die Phönizier
(bw 2444)

Jens-Arne Dickmann
Pompeji
(bw 2387)

Peter Jánosi
Die Pyramiden
(bw 2331)

Reinhard Wolters
Die Römer in Germanien
(bw 2136)

Klaus Bringmann
Römische Geschichte
(bw 2012)

Karl Christ
Die Römische Kaiserzeit
(bw 2155)

Martin Jehne
Die Römische Republik
(bw 2362)

Frank Kolb
Das antike Rom
(bw 2407)

Eckhard Meyer-Zwiffelhoffer
Imperium Romanum
(bw 2467)

Hermann Parzinger
Die Skythen
(bw 2342)

Ernst Baltrusch
Sparta
(bw 2083)

Bernhard Maier
Stonehenge
(bw 2377)

Gebhard J. Selz
Sumerer und Akkader
(bw 2374)

Erik Hornung
Das Tal der Könige
(bw 2195)

Dieter Hertel
Troia
(bw 2166)

Konrad Vössing
Die Vandalen
(bw 2881)

Günther Moosbauer
Die Varusschlacht
(bw 2457)

Klaus Rosen
Die Völkerwanderung
(bw 2180)

Johannes Engels
Die Sieben Weisen
(bw 2485)

Kai Brodersen
Die Sieben Weltwunder
(bw 2029)

NEU
Rudolf Simek
Die Wikinger
(bw 2081)

Michael Sommer
Wirtschaftsgeschichte der Antike
(bw 2788)

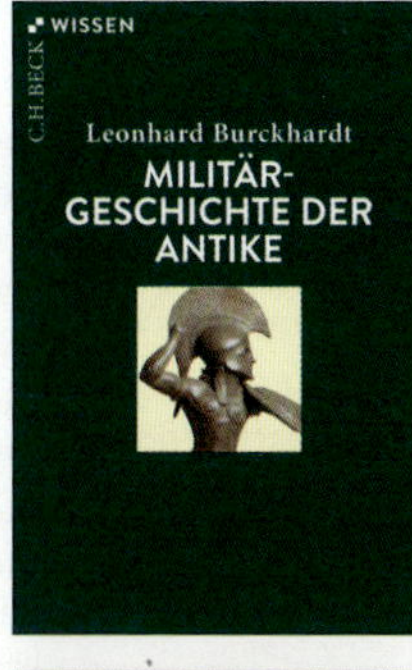

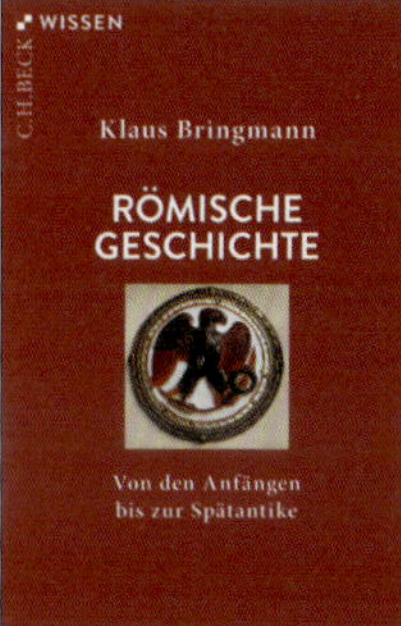

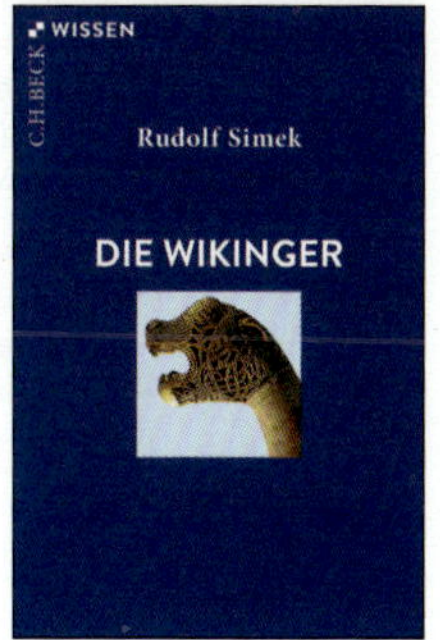

Dominik Waßenhoven
1066
Englands Eroberung durch die Normannen (bw 2866)

Michael Hochgeschwender
Der amerikanische Bürgerkrieg
(bw 2451)

Heinz Halm
Die Assassinen
(bw 2868)

Peter Blickle
Der Bauernkrieg
(bw 2103)

Eberhard Kolb
Bismarck
(bw 2476)

Volker Reinhardt
Die Borgia
(bw 2741)

Christoph Strohm
Johannes Calvin
(bw 2469)

Wolf D. Gruner
Der Deutsche Bund
(bw 2495)

Sebastian Conrad
Deutsche Kolonialgeschichte
(bw 2448)

Heiko Haumann
Dracula
(bw 2715)

Georg Schmidt
Der Dreißigjährige Krieg
(bw 2005)

Bernhard Jussen
Die Franken
(bw 2799)

Hans-Ulrich Thamer
Die Französische Revolution
(bw 2347)

Heinz Duchhardt
Freiherr vom Stein
(bw 2487)

Helmut Reinalter
Die Freimaurer
(bw 2133)

Olaf B. Rader
Kaiser Friedrich II.
(bw 2762)

Johannes Kunisch
Friedrich der Große
(bw 2731)

Thomas Maissen
Geschichte der Frühen Neuzeit
(bw 2760)

Jürgen Osterhammel
Nils P. Petersson
Geschichte der Globalisierung
(bw 2320)

Rudolf Schieffer
Papst Gregor VII.
(bw 2492)

Heinz-Dieter Heimann
Die Habsburger
(bw 2154)

Rolf Hammel-Kiesow
Die Hanse
(bw 2131)

Barbara Stollberg-Rilinger
Das Heilige Römische Reich Deutscher Nation
(bw 2399)

NEU
Wolfgang Behringer
Hexen
(bw 2082)

Alexander Schunka
Die Hugenotten
(bw 2892)

Andreas W. Daum
Alexander von Humboldt
(bw 2888)

Joachim Ehlers
Der Hundertjährige Krieg
(bw 2475)

Gerd Schwerhoff
Die Inquisition
(bw 2340)

Claudia Zey
Der Investiturstreit
(bw 2852)

Klaus Herbers
Jakobsweg
(bw 2394)

Gerd Krumeich
Jeanne d'Arc
(bw 2396)

Helmut Reinalter
Joseph II.
(bw 2735)

Bernd Schneidmüller
Die Kaiser des Mittelalters
(bw 2398)

Luise Schorn-Schütte
Karl V.
(bw 2130)

Matthias Becher
Karl der Große
(bw 2120)

Karl Ubl
Die Karolinger
(bw 2828)

Luise Schorn-Schütte
Königin Luise
(bw 2323)

Jürgen Osterhammel
Jan C. Jansen
Kolonialismus
(bw 2002)

Vitus Huber
Die Konquistadoren
(bw 2890)

Peter Thorau
Die Kreuzzüge
(bw 2338)

Steffen Patzold
Das Lehnswesen
(bw 2745)

Hermann Rumschöttel
Ludwig II. von Bayern
(bw 2719)

Mark Hengerer
Ludwig XIV.
(bw 2842)

Marina Münkler
Marco Polo
(bw 2097)

Wilfried Nippel
Karl Marx
(bw 2834)

Volker Reinhardt
Die Medici
(bw 2028)

Martina Hartmann
Die Merowinger
(bw 2746)

Wolfram Siemann
Metternich
(bw 2484)

NEU
Martin Clauss
Militärgeschichte des Mittelalters
(bw 2914)

Stephan Conermann
Das Mogulreich
(bw 2403)

Johannes Willms
Napoleon
(bw 2893)

Hubert Houben
Die Normannen
(bw 2755)

Hagen Keller
Die Ottonen
(bw 2146)

Eduard Mühle
Die Piasten
Polen im Mittelalter
(bw 2709)

Nikolas Jaspert
Die Reconquista
(bw 2876)

Michael Epkenhans
Die Reichsgründung 1870/71
(bw 2902)

Volker Reinhardt
Die Renaissance in Italien
(bw 2191)

Dieter Hein
Die Revolution von 1848/49
(bw 2019)

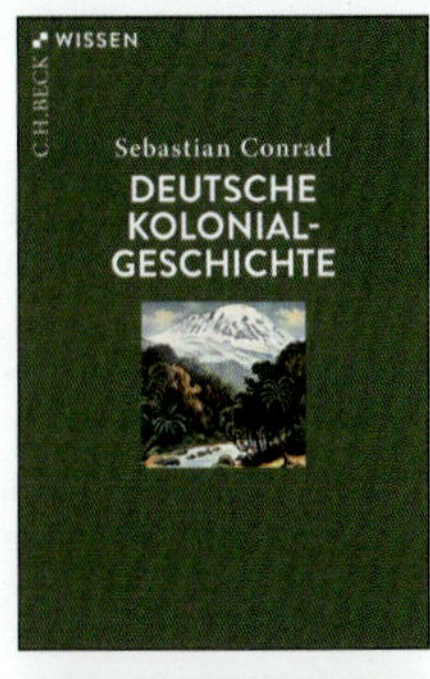

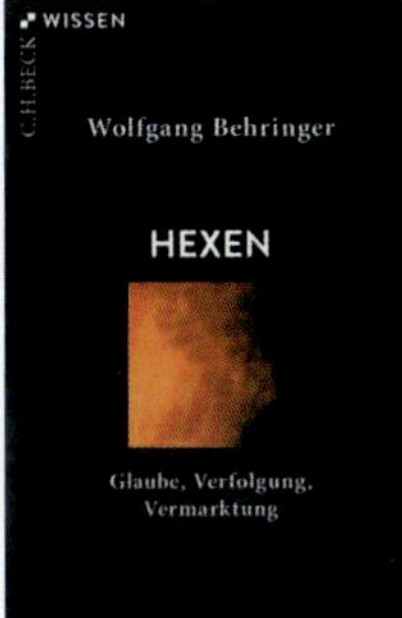

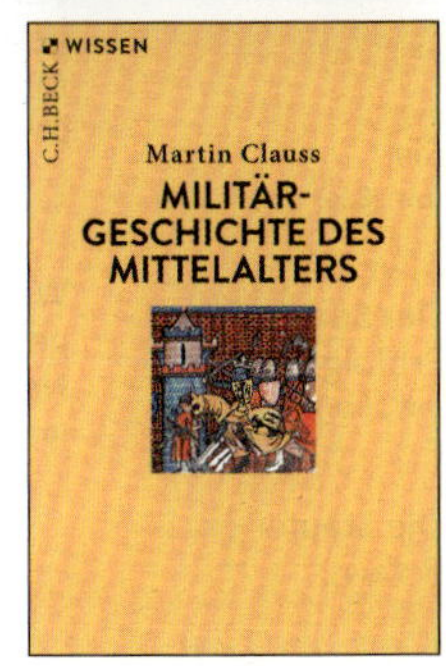

Joachim Ehlers
Die Ritter
(bw 2392)

Joachim Zeune
Ritterburgen
(bw 2831)

Andrew James Johnston
Robin Hood
(bw 2767)

Hannes Möhring
Saladin
(bw 2386)

Johannes Laudage
Die Salier
(bw 2397)

Georg Bossong
Die Sepharden
(bw 2438)

Marian Füssel
Der Siebenjährige Krieg
(bw 2704)

Michaela und Karl Vocelka
Sisi
(bw 2829)

Matthias Schnettger
Der Spanische Erbfolgekrieg
(bw 2826)

Knut Görich
Die Staufer
(bw 2393)

Ronald G. Asch
Die Stuarts
(bw 2710)

Jürgen Sarnowsky
Die Templer
(bw 2472)

Hans-Ulrich Thamer
Die Völkerschlacht bei Leipzig
(bw 2774)

Marian Füssel
Waterloo 1815
(bw 2838)

Siegrid Westphal
Der Westfälische Frieden
(bw 2851)

Heinz Duchhardt
Der Wiener Kongress
(bw 2778)

Hans-Jörg Gilomen
Wirtschaftsgeschichte des Mittelalters
(bw 2781)

Christian Kleinschmidt
Wirtschaftsgeschichte der Neuzeit
(bw 2869)

Ilko-Sascha Kowalczuk
Der 17. Juni 1953
(bw 2771)

Ingrid Gilcher-Holtey
Die 68er-Bewegung
(bw 2183)

NEU
Sybille Steinbacher
Auschwitz
(bw 2333)

Christiane Tietz
Dietrich Bonhoeffer
(bw 2775)

Bernd Faulenbach
Willy Brandt
(bw 2780)

Jürgen Osterhammel
Jan C. Jansen
Dekolonisation
(bw 2785)

Ulrich Herbert
Das Dritte Reich
(bw 2859)

Wolfgang Schieder
Der italienische Faschismus
(bw 2429)

Dietmar Rothermund
Gandhi
(bw 2322)

Florian Coulmas
Hiroshima
(bw 2491)

Wolfgang Benz
Der Holocaust
(bw 2022)

Tilman Seidensticker
Islamismus
(bw 2827)

Annika Mombauer
Die Julikrise
Europas Weg in den Ersten Weltkrieg (bw 2825)

Bernd Stöver
Der Kalte Krieg
(bw 2314)

NEU
Andreas Stegmann
Die Kirchen in der DDR
(bw 2921)

Christoph Strohm
Die Kirchen im Dritten Reich
(bw 2720)

Bernd Greiner
Die Kuba-Krise
(bw 2486)

Stephan Bierling
Nelson Mandela
(bw 2748)

Sabine Dabringhaus
Mao Zedong
(bw 2439)

Wolfgang Schieder
Benito Mussolini
(bw 2835)

Marianne Sammer
Mutter Teresa
(bw 2405)

NEU
Muriel Asseburg
Jan Busse
Der Nahostkonflikt
(bw 2858)

Raphael Gross
November 1938
(bw 2782)

Hans-Ulrich Thamer
Die NSDAP
(bw 2911)

Annette Weinke
Die Nürnberger Prozesse
(bw 2404)

Wolfgang Benz
Die Protokolle der Weisen von Zion
(bw 2413)

Armin Pfahl-Traughber
Rechtsextremismus in der Bundesrepublik
(bw 2112)

Winfried Böhm
Die Reformpädagogik
Montessori, Waldorf und andere Lehren (bw 2743)

Volker Ullrich
Die Revolution von 1918/19
(bw 2454)

Petra Terhoeven
Die Rote Armee Fraktion
(bw 2878)

Bastian Hein
Die SS
(bw 2841)

Wolfgang Reinhard
Geschichte des modernen Staates
(bw 2423)

Bernd Ulrich
Stalingrad
(bw 2368)

Peter Hoffmann
Stauffenberg und der 20. Juli 1944
(bw 2102)

Christian Hartmann
Unternehmen Barbarossa
Der deutsche Krieg im Osten 1941–1945 (bw 2714)

Eberhard Kolb
Der Frieden von Versailles
(bw 2375)

Gunther Mai
Die Weimarer Republik
(bw 2477)

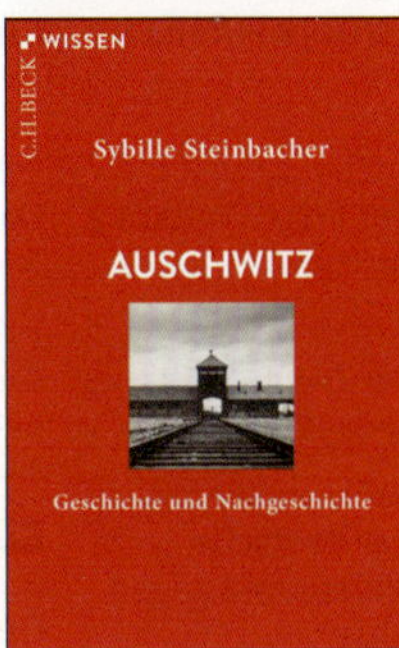

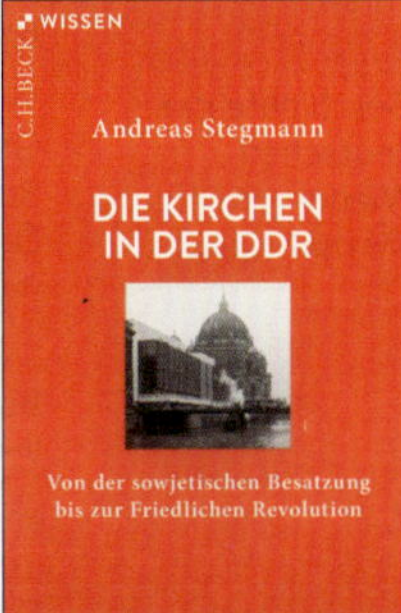

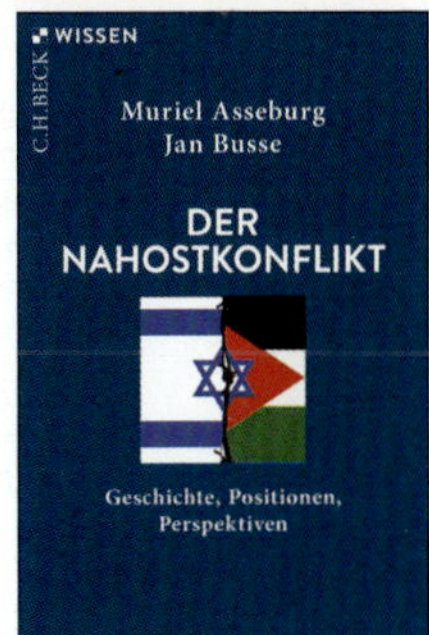

Volker Berghahn
Der Erste Weltkrieg
(bw 2312)

Gerhard Schreiber
Der Zweite Weltkrieg
(bw 2164)

Wolfgang Benz
Der deutsche Widerstand gegen Hitler
(bw 2798)

Andreas Rödder
Geschichte der deutschen Wiedervereinigung
(bw 2736)

Hermann A. Schlögl
Das alte Ägypten
(bw 2305)

Ralph Tuchtenhagen
Geschichte der baltischen Länder
(bw 2355)

NEU
Benedikt Stuchtey
Geschichte des Britischen Empire
(bw 2918)

Marie-Luise Recker
Geschichte der Bundesrepublik Deutschland
(bw 2115)

Hermann Kamp
Burgund
(bw 2414)

Helwig Schmidt-Glintzer
Das alte China
Von den Anfängen bis zum 19. Jh. (bw 2015)

Helwig Schmidt-Glintzer
Das neue China
Vom Untergang des Kaiserreichs bis zur Gegenwart (bw 2126)

Daniel Leese
Die chinesische Kulturrevolution
(bw 2854)

Robert Bohn
Dänische Geschichte
(bw 2162)

Frank Rexroth
Deutsche Geschichte im Mittelalter
(bw 2307)

Johannes Burkhardt
Deutsche Geschichte der Frühen Neuzeit
(bw 2462)

Dieter Hein
Deutsche Geschichte im 19. Jahrhundert
(bw 2840)

Andreas Wirsching
Deutsche Geschichte im 20. Jahrhundert
(bw 2165)

Hans-Christoph Schröder
Englische Geschichte
(bw 2016)

Peter C. Hartmann
Geschichte Frankreichs
(bw 2124)

Wolfgang Zwickel
Das Heilige Land
(bw 2459)

Michael Witzel
Das alte Indien
(bw 2304)

Dietmar Rothermund
Geschichte Indiens
(bw 2194)

Monika Gronke
Geschichte Irans
(bw 2321)

Benedikt Stuchtey
Geschichte Irlands
(bw 2765)

NEU
Noam Zadoff
Geschichte Israels
(bw 2905)

Geschichte Israels
Bernd U. Schipper
Geschichte Israels in der Antike
(bw 2887)

Volker Reinhardt
Geschichte Italiens
(bw 2118)

Manfred Pohl
Geschichte Japans
(bw 2190)

Angelos Chaniotis
Das antike Kreta
(bw 2350)

Michel Pauly
Geschichte Luxemburgs
(bw 2732)

Michael North
Geschichte der Niederlande
(bw 2078)

Karl Vocelka
Österreichische Geschichte
(bw 2369)

Andreas Kossert
Ostpreußen
(bw 2833)

Josef Wiesehöfer
Das frühe Persien
(bw 2107)

Jürgen Heyde
Geschichte Polens
(bw 2385)

Walther L. Bernecker
Horst Pietschmann
Geschichte Portugals
(bw 2156)

Monika Wienfort
Geschichte Preußens
(bw 2456)

Andreas Kappeler
Russische Geschichte
(bw 2076)

Arno Herzig
Geschichte Schlesiens
(bw 2843)

Bernhard Maier
Geschichte Schottlands
(bw 2844)

Volker Reinhardt
Geschichte der Schweiz
(bw 2401)

Martin Dreher
Das antike Sizilien
(bw 2437)

Thomas Dittelbach
Geschichte Siziliens
(bw 2490)

Harm G. Schröter
Geschichte Skandinaviens
(bw 2422)

NEU
Georg Bossong
Das Maurische Spanien
(bw 2395)

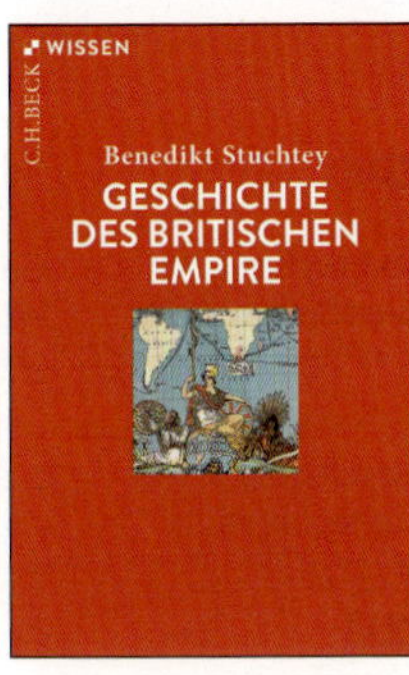

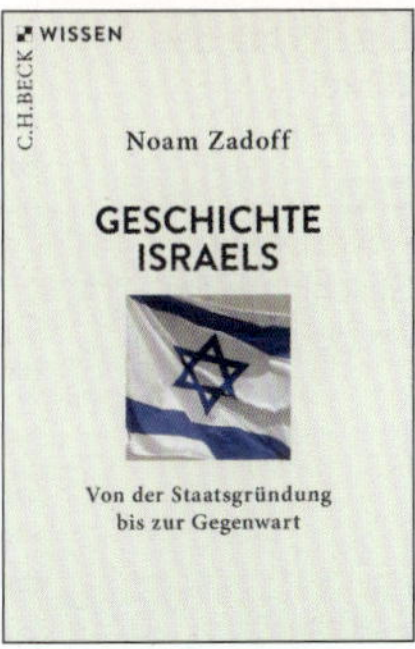

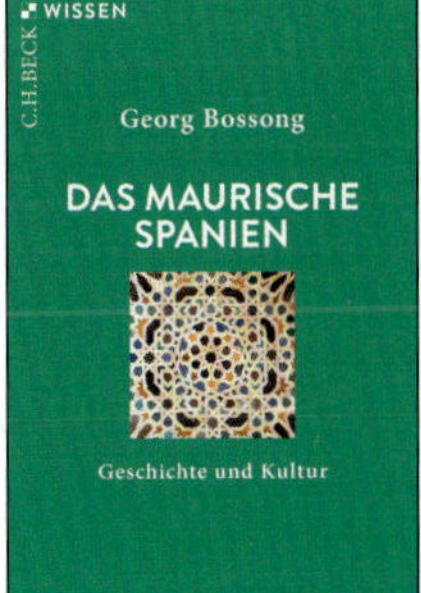

NEU
Walther L. Bernecker
Spanische Geschichte
(bw 2111)

Joachim Bahlcke
Geschichte Tschechiens
(bw 2797)

NEU
Klaus Kreiser
Geschichte der Türkei
(bw 2758)

NEU
Horst Dippel
Geschichte der USA
(bw 2051)

DIE DEUTSCHEN BUNDESLÄNDER

Hans-Georg Wehling
Reinhold Weber
Geschichte Baden-Württembergs
(bw 2601)

Wilhelm Volkert
Geschichte Bayerns
(bw 2602)

Bernd Stöver
Geschichte Berlins
(bw 2603)

Peter-Michael Hahn
Geschichte Brandenburgs
(bw 2604)

Konrad Elmshäuser
Geschichte Bremens
(bw 2605)

Martin Krieger
Geschichte Hamburgs
(bw 2606)

Frank-Lothar Kroll
Geschichte Hessens
(bw 2607)

Michael North
Geschichte Mecklenburg-Vorpommerns
(bw 2608)

Carl-Hans Hauptmeyer
Geschichte Niedersachsens
(bw 2609)

Christoph Nonn
Geschichte Nordrhein-Westfalens
(bw 2610)

Lukas Clemens
Norbert Franz
Geschichte von Rheinland-Pfalz
(bw 2611)

Wolfgang Behringer
Gabriele Clemens
Geschichte des Saarlandes
(bw 2612)

Frank-Lothar Kroll
Geschichte Sachsens
(bw 2613)

Mathias Tullner
Geschichte Sachsen-Anhalts
(bw 2614)

Robert Bohn
Geschichte Schleswig-Holsteins
(bw 2615)

Steffen Raßloff
Geschichte Thüringens
(bw 2616)

POLITIK

Philipp Lepenies
Armut
(bw 2862)

Eckart Conze
Das Auswärtige Amt
(bw 2744)

Jutta Limbach
Das Bundesverfassungsgericht
(bw 2161)

Bernd Stöver
CIA
(bw 2871)

Hans Vorländer
Demokratie
(bw 2311)

NEU
Wolfgang Krieger
Die deutschen Geheimdienste
(bw 2922)

Stefan Luft
Die Flüchtlingskrise
(bw 2857)

Christoph Möllers
Das Grundgesetz
(bw 2470)

Ottmar Edenhofer
Michael Jakob
Klimapolitik
(bw 2853)

Britta Bannenberg
Dieter Rössner
Kriminalität in Deutschland
(bw 2384)

Dietrich
von der Oelsnitz
Management
(bw 2479)

Thomas Piketty
Ökonomie der Ungleichheit
(bw 2864)

Marcus Llanque
Geschichte der politischen Ideen
(bw 2759)

Manfred G. Schmidt
Das politische System der Bundesrepublik Deutschland
(bw 2371)

Wilfried Röhrich
Die politischen Systeme der Welt
(bw 2128)

Dietmar Willoweit
Reich und Staat
Eine kleine deutsche Verfassungsgeschichte
(bw 2776)

Manfred G. Schmidt
Der deutsche Sozialstaat
(bw 2764)

Bernd Faulenbach
Geschichte der SPD
(bw 2753)

Hanno Beck
Aloys Prinz
Staatsverschuldung
(bw 2742)

Klaus Dieter Wolf
Die UNO
(bw 2378)

Angelika Nußberger
Das Völkerrecht
(bw 2478)

Werner Plumpe
Wirtschaftskrisen
(bw 2701)

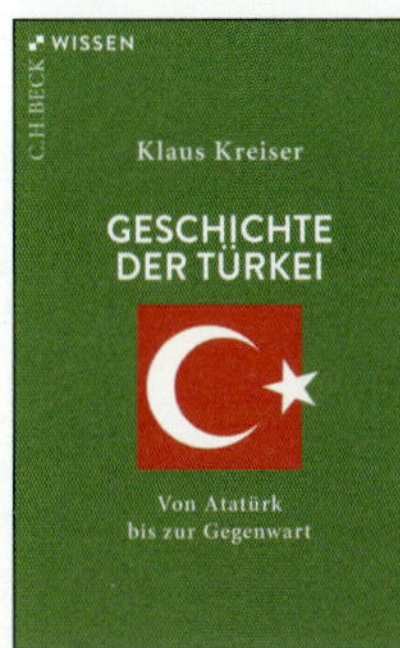

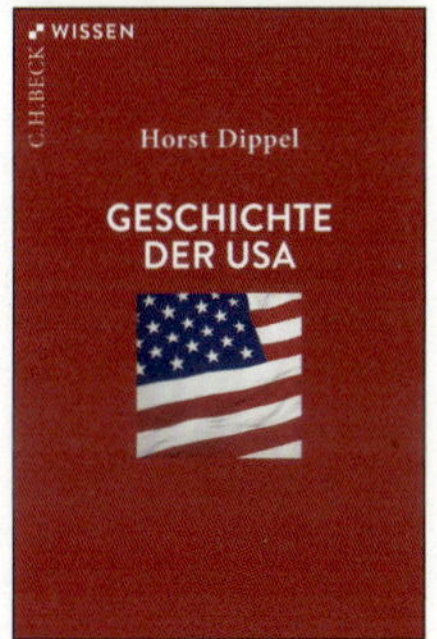

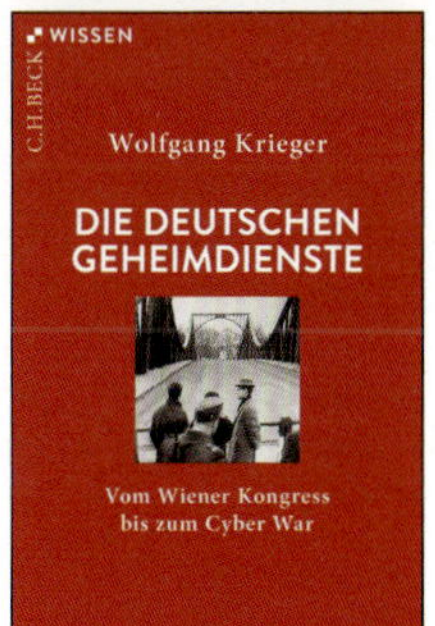

Mirko Breitenstein
Die Benediktiner
(bw 2894)

Axel Michaels
Buddha
(bw 2717)

Helwig Schmidt-Glintzer
Der Buddhismus
(bw 2367)

Kurt Nowak
Das Christentum
(bw 2070)

Friedhelm Winkelmann
Geschichte des frühen Christentums
(bw 2041)

Martin Tamcke
Das orthodoxe Christentum
(bw 2339)

Wolfram Kinzig
Christenverfolgung in der Antike
(bw 2898)

Hans van Ess
Der Daoismus
(bw 2721)

Jens Schröter
Die apokryphen Evangelien
(bw 2906)

Helmut Feld
Franziskus von Assisi
(bw 2170)

Christoph Markschies
Die Gnosis
(bw 2173)

Peter Gemeinhardt
Die Heiligen
(bw 2498)

Bernhard Lang
Himmel, Hölle, Paradies
(bw 2900)

Heinrich von Stietencron
Der Hinduismus
(bw 2158)

Heinz Halm
Der Islam
(bw 2145)

NEU
Jens Schröter
Jesus
(bw 2916)

Stefan Samerski
Johannes Paul II.
(bw 2435)

Günter Stemberger
Jüdische Religion
(bw 2003)

Christoph Auffarth
Die Ketzer
(bw 2383)

Volker Leppin
Geschichte der christlichen Kirchen
(bw 2499)

Hartmut Leppin
Die Kirchenväter und ihre Zeit
(bw 2141)

Hans van Ess
Der Konfuzianismus
(bw 2306)

Hartmut Bobzin
Der Koran
(bw 2109)

Thomas Kaufmann
Martin Luther
(bw 2388)

Hartmut Bobzin
Mohammed
(bw 2144)

Lorenz Korn
Die Moschee
(bw 2573)

Eckart Otto
Mose
(bw 2400)

Volker Leppin
Die christliche Mystik
(bw 2415)

Georg Schwaiger
Manfred Heim
Orden und Klöster
(bw 2196)

Georg Denzler
Das Papsttum
(bw 2065)

Alexander Demandt
Pontius Pilatus
(bw 2747)

Friedrich Wilhelm Graf
Der Protestantismus
(bw 2108)

Luise Schorn-Schütte
Die Reformation
(bw 2054)

Klaus Kienzler
Der religiöse Fundamentalismus
Christentum, Judentum, Islam (bw 2031)

Klaus E. Müller
Schamanismus
(bw 2072)

Heinz Halm
Die Schiiten
(bw 2358)

Annemarie Schimmel
Sufismus
(bw 2129)

PHILOSOPHIE

Thomas Kaufmann
Die Täufer
(bw 2897)

Christoph Levin
Das Alte Testament
(bw 2160)

Gerd Theißen
Das Neue Testament
(bw 2192)

Manfred Hutter
Die Weltreligionen
(bw 2365)

Michael Stausberg
Zarathustra und seine Religion
(bw 2370)

Matthias Köckert
Die Zehn Gebote
(bw 2430)

Oliver Primavesi
Christof Rapp
Aristoteles
(bw 2865)

Werner Schneiders
Das Zeitalter der Aufklärung
(bw 2058)

Otfried Höffe
Ethik
(bw 2800)

Annemarie Pieper
Gut und Böse
(bw 2077)

Günter Zöller
Hegels Philosophie
(bw 2912)

Dietmar von der Pfordten
Menschenwürde
(bw 2856)

Christof Rapp
Metaphysik
(bw 2809)

Heinz D. Kurz
Geschichte des Ökonomischen Denkens
(bw 2784)

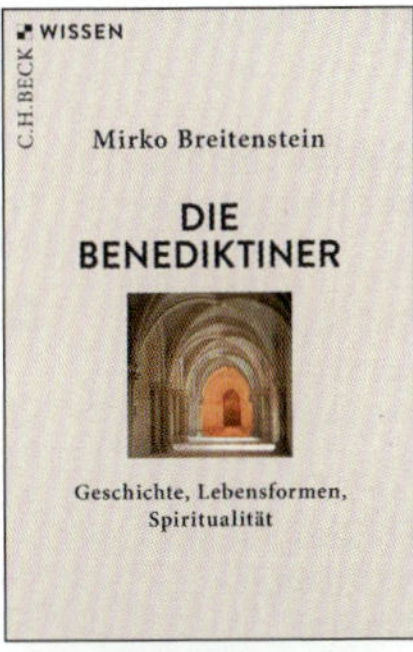

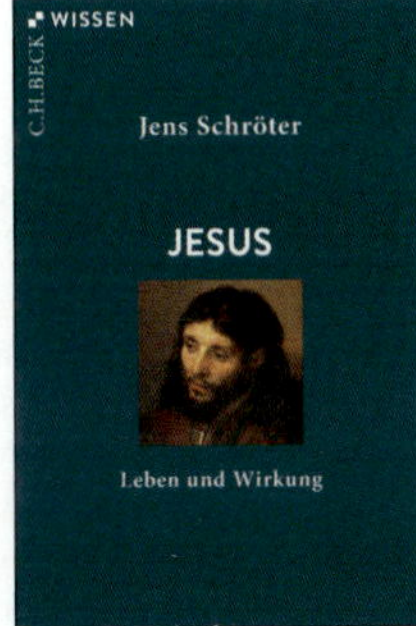

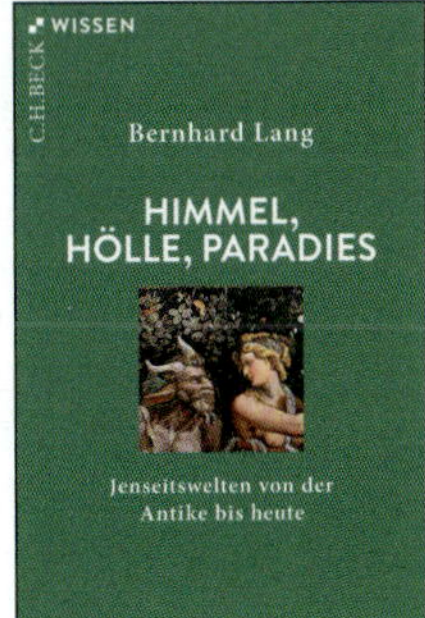

PHILOSOPHIE

Die Geschichte der Philosophie

Christoph Horn
Philosophie der Antike
(bw 2820)

Loris Sturlese
Philosophie im Mittelalter
(bw 2821)

Johannes Haag
Markus Wild
Philosophie der Neuzeit
(bw 2822)

Günter Zöller
Philosophie des 19. Jahrhunderts
(bw 2823)

Thomas Rentsch
Philosophie des 20. Jahrhunderts
(bw 2824)

Albert Newen
Philosophie des Geistes
(bw 2806)

Norman Sieroka
Philosophie der Physik
(bw 2803)

Klaus Kornwachs
Philosophie der Technik
(bw 2805)

Norman Sieroka
Philosophie der Zeit
(bw 2886)

NEU
Hans van Ess
Chinesische Philosophie
(bw 2919)

Ulrich Rudolph
Islamische Philosophie
(bw 2352)

Dietmar von der Pfordten
Rechtsphilosophie
(bw 2801)

Michel Soëtard
Jean-Jacques Rousseau
(bw 2734)

Pirmin Stekeler-Weithofer
Sprachphilosophie
(bw 2802)

Dirk Kaesler
Max Weber
(bw 2726)

Nils Ole Oermann
Wirtschaftsethik
(bw 2845)

Holm Tetens
Wissenschaftstheorie
(bw 2808)

Michael von Brück
Zen
(bw 2344)

LITERATUR | SPRACHE

Anna Kathrin Bleuler
Der Codex Manesse
(bw 2882)

Franziska Meier
Dantes Göttliche Komödie
(bw 2880)

Therese Fuhrer
Martin Hose
Das antike Drama
(bw 2729)

Rudolf Simek
Die Edda
(bw 2419)

Walther Sallaberger
Das Gilgamesch-Epos
(bw 2443)

Dorothea Hölscher-Lohmeyer
Johann Wolfgang Goethe
(bw 2127)

NEU
Michael Jaeger
Goethes «Faust»
(bw 2903)

Dieter Burdorf
Friedrich Hölderlin
(bw 2712)

Thomas Anz
Franz Kafka
(bw 2473)

Gerhard Schulz
Sabine Doering
Klassik
(bw 2329)

Hans Joachim Kreutzer
Heinrich von Kleist
(bw 2716)

Friedrich Vollhardt
Gotthold Ephraim Lessing
(bw 2789)

Dirk von Petersdorff
Literaturgeschichte der Bundesrepublik Deutschland
(bw 2733)

Mario Klarer
Literaturgeschichte der USA
(bw 2769)

Dirk von Petersdorff
Geschichte der deutschen Lyrik
(bw 2434)

Niklas Holzberg
Ovids Metamorphosen
(bw 2421)

Bernhard Zimmermann
Homers Odyssee
(bw 2908)

Gert Ueding
Klassische Rhetorik
(bw 2000)

Gert Ueding
Moderne Rhetorik
(bw 2134)

Thomas Baier
Geschichte der Römischen Literatur
(bw 2446)

Gerhard Schulz
Romantik
(bw 2053)

Peter-André Alt
Friedrich Schiller
(bw 2357)

Thomas O. Höllmann
Die chinesische Schrift
(bw 2849)

Harald Haarmann
Geschichte der Schrift
(bw 2198)

Hans-Dieter Gelfert
Shakespeare
(bw 2055)

Jürgen Trabant
Die Sprache
(bw 2464)

Thorsten Roelcke
Geschichte der deutschen Sprache
(bw 2480)

Bernd Seidensticker
Das antike Theater
(bw 2496)

Andreas Englhart
Das Theater der Gegenwart
(bw 2779)

Ulrich Schmid
Lew Tolstoi
(bw 2493)

NEU
Markus Janka
Vergils Aeneis
(bw 2884)

Jürgen von Stackelberg
Voltaire
(bw 2402)

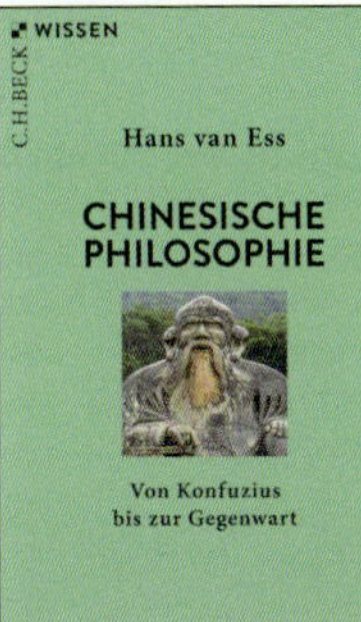

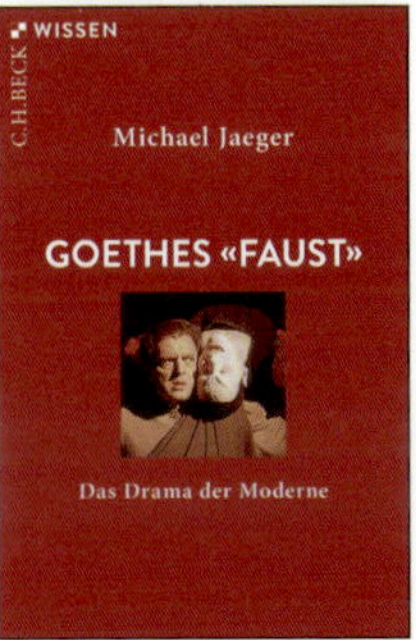

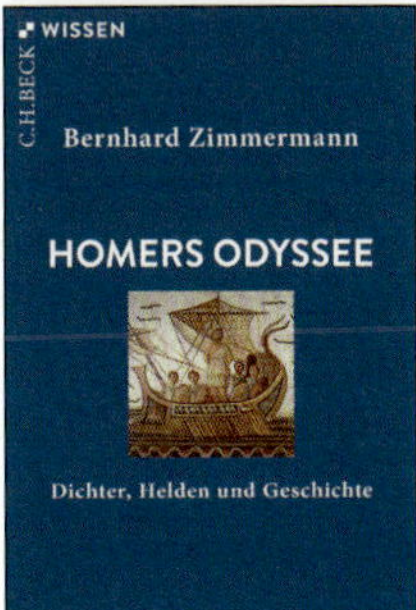

Die große Geschichte der Kunst

Von der Antike bis zur Gegenwart

NEU
Tonio Hölscher
Die griechische Kunst
(bw 2551)

Paul Zanker
Die römische Kunst
(bw 2552)

Johannes G. Deckers
Die frühchristliche und byzantinische Kunst
(bw 2553)

Lorenz Korn
Geschichte der islamischen Kunst
(bw 2570)

Bruno Reudenbach
Die Kunst des Mittelalters
Band I: 800 bis 1200
(bw 2554)

Klaus Niehr
Die Kunst des Mittelalters
Band II: 1200 bis 1500
(bw 2555)

Andreas Tönnesmann
Die Kunst der Renaissance
(bw 2556)

Dietrich Erben
Die Kunst des Barock
(bw 2557)

Andreas Beyer
Die Kunst des Klassizismus und der Romantik
(bw 2558)

Michael F. Zimmermann
Die Kunst des 19. Jahrhunderts
(bw 2559)

Uwe M. Schneede
Die Kunst der Klassischen Moderne
(bw 2560)

Philip Ursprung
Die Kunst der Gegenwart
(bw 2561)

Winfried Nerdinger
Das Bauhaus
(bw 2883)

Uwe M. Schneede
Max Beckmann
(bw 2515)

Nils Büttner
Hieronymus Bosch
(bw 2516)bar

Frank Zöllner
Botticelli
(bw 2505)

Nils Büttner
Pieter Bruegel d. Ä.
(bw 2521)

Alexander Markschies
Brunelleschi
(bw 2540)

NEU
Sybille Ebert-Schifferer
Caravaggio
(bw 2525)

Götz Adriani
Paul Cézanne
(bw 2506)

Michael F. Zimmermann
Lovis Corinth
(bw 2509)

Uwe M. Schneede
Otto Dix
(bw 2522)

Thomas Schauerte
Albrecht Dürer
(bw 2524)

Michael Viktor Schwarz
Giotto
(bw 2503)

Uwe M. Schneede
Vincent van Gogh
(bw 2310)

Werner Busch
Goya
(bw 2520)

Oskar Bätschmann
Hans Holbein d. J.
(bw 2513)

Matthias Haldemann
Kandinsky
(bw 2519)

Christian Rümelin
Paul Klee
(bw 2500)

Oskar Bätschmann
Edouard Manet
(bw 2518)

Werner Busch
Adolph Menzel
(bw 2501)

Felix Krämer
Claude Monet
(bw 2517)

Jürg Meyer zur Capellen
Raffael
(bw 2510)

Nils Büttner
Peter Paul Rubens
(bw 2504)

Frank Büttner
Philipp Otto Runge
(bw 2507)

Wilhelm Schlink
Tizian
(bw 2508)

Monika Wagner
William Turner
(bw 2514)

Nils Büttner
Vermeer
(bw 2511)

Felix Thürlemann
Rogier van der Weyden
(bw 2502)

Dorothea Arnold
Die ägyptische Kunst
(bw 2550)

Norbert Huse
Geschichte der Architektur im 20. Jahrhundert
(bw 2455)

Dietrich Erben
Architekturtheorie
(bw 2874)

Helmut Brinker
Die chinesische Kunst
(bw 2571)

Wolfgang Kemp
Geschichte der Fotografie
(bw 2727)

Felix Müller
Die Kunst der Kelten
(bw 2574)

Ulrich Pfisterer
Die Sixtinische Kapelle
(bw 2562)

MUSIK

Dorothea Schröder
Johann Sebastian Bach
(bw 2738)

Egon Voss
Bachs Konzerte
(bw 2212)

Siegfried Mauser
Beethovens Klaviersonaten
(bw 2200)

Dieter Rexroth
Beethovens Symphonien
(bw 2209)

Matthias Schmidt
Johannes Brahms. Die Lieder
(bw 2224)

Hans-Joachim Hinrichsen
Bruckners Sinfonien
(bw 2225)

NEU
Thomas Kabisch
Chopins Klaviermusik
(bw 2227)

Hanspeter Krellmann
Griegs lyrische Klavierstücke
(bw 2216)

WISSEN
C.H.BECK
Tonio Hölscher
DIE GRIECHISCHE KUNST

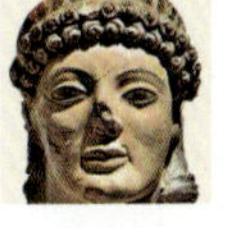

WISSEN
C.H.BECK
Sybille Ebert-Schifferer
CARAVAGGIO

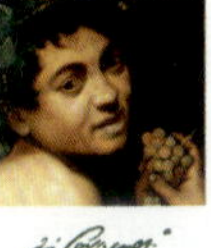

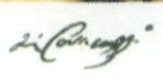

WISSEN
C.H.BECK
Thomas Kabisch
CHOPINS KLAVIERMUSIK

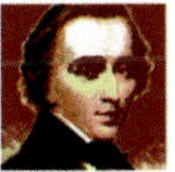

Ein musikalischer Werkführer

Dorothea Schröder
Georg Friedrich Händel
(bw 2453)

Claus Bockmaier
Händels Oratorien
(bw 2215)

Arnold Werner-Jensen
Joseph Haydn
(bw 2468)

Gottfried Scholz
Haydns Oratorien
(bw 2217)

Michael Walter
Haydns Sinfonien
(bw 2213)

Georg Feder
Haydns Streichquartette
(bw 2203)

Christoph Kammertöns
Das Klavier
Instrument und Musik
(bw 2752)

Wolfgang Dömling
Franz Liszt
(bw 2711)

Ulrich Müller
Andrew Lloyd Webbers Musicals
(bw 2214)

Constantin Floros
Gustav Mahler
(bw 2489)

NEU
Peter Revers
Mahlers Sinfonien
(bw 2228)

Andreas Eichhorn
Felix Mendelssohn Bartholdy
(bw 2449)

Gernot Gruber
Wolfgang Amadeus Mozart
(bw 2376)

Marius Flothuis
Mozarts Klavierkonzerte
(bw 2201)

Siegfried Mauser
Mozarts Klaviersonaten
(bw 2223)

Manfred Hermann Schmid
Mozarts Opern
(bw 2218)

Marius Flothuis
Mozarts Streichquartette
(bw 2204)

Hans Maier
Die Orgel
(bw 2794)

Gerd Uecker
Puccinis Opern
(bw 2226)

Siegfried Schmalzriedt
Ravels Klaviermusik
(bw 2210)

Peter Wicke
Rock und Pop
(bw 2739)

Hans-Joachim Hinrichsen
Franz Schubert
(bw 2725)

Elmar Budde
Schuberts Liederzyklen
(bw 2207)

Arnfried Edler
Robert Schumann
(bw 2474)

Martin Demmler
Schumanns Sinfonien
(bw 2211)

Joachim Brügge
Jean Sibelius
(bw 2219)

Laurenz Lütteken
Richard Strauss. Die Opern
(bw 2222)

Dorothea Redepenning
Peter Tschaikowsky
(bw 2855)

Anselm Gerhard
Giuseppe Verdi
(bw 2754)

Sabine Henze-Döhring
Verdis Opern
(bw 2221)

Egon Voss
Richard Wagner
(bw 2766)

Sven Friedrich
Richard Wagners Opern
(bw 2220)

Wilhelm Feuerlein
Alkoholismus
(bw 2033)

Lothar Jäger
Allergien
(bw 2140)

Hans-Uwe Simon
Asthma
(bw 2095)

Helmut Remschmidt
Autismus
(bw 2147)

Ingeborg Hedderich
Burnout
(bw 2465)

Ursel Wahrburg
Gerd Assmann
Cholesterin
(bw 2114)

Rudhard Klaus Müller
Doping
(bw 2345)

Hansjörg Schneble
Epilepsie
(bw 2047)

Ulrich Cuntz
Andreas Hillert
Eßstörungen
(bw 2087)

Hans Markowitsch
Das Gedächtnis
(bw 2460)

Friedrich Strian
Das Herz
(bw 2098)

Franzis Preckel
Tanja Gabriele Baudson
Hochbegabung
(bw 2786)

Joachim Funke
Bianca Vaterrodt
Was ist Intelligenz?
(bw 2088)

Harald Theml
Krebs und Krebsvermeidung
(bw 2380)

Karl-Heinz Leven
Geschichte der Medizin
(bw 2452)

Jörg Hacker
Menschen, Seuchen und Mikroben
(bw 2317)

Matthias Keidel
Migräne
(bw 2408)

Michael Wirsching
Paar- und Familientherapie
(bw 2361)

NEU
Jörg Hacker
Pandemien
(bw 2917)

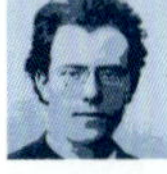

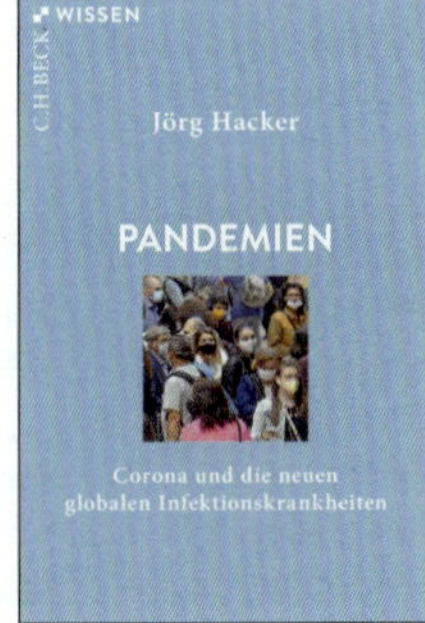

PSYCHOLOGIE | MEDIZIN

Gerd A. Fuchs
Die Parkinsonsche Krankheit
(bw 2301)

NEU
Rolf Reber
Psychologie
(bw 2924)

Otto Benkert
Psychopharmaka
(bw 2013)

Michael Wirsching
Psychotherapie
(bw 2119)

Thomas Köhler
Rauschdrogen
(bw 2445)

Rebecca Böhme
Resilienz
(bw 2895)

Heinz Häfner
Schizophrenie
(bw 2497)

Joachim Röschke
Klaus Mann
Schlaf und Schlafstörungen
(bw 2089)

NEU
Jürgen Dittmann
Der Spracherwerb des Kindes
(bw 2300)

Thomas Bronisch
Der Suizid
(bw 2006)

Nando Belardi
Supervision und Coaching
(bw 2157)

Paul U. Unschuld
Traditionelle Chinesische Medizin
(bw 2796)

Wolfgang Mertens
Traum und Traumdeutung
(bw 2117)

Andreas Maercker
Trauma und Traumafolgestörungen
(bw 2863)

Claus Leitzmann
Veganismus (bw 2885)

Claus Leitzmann
Vegetarismus
(bw 2176)

NEU
Susanne Modrow
Viren (bw 2177)

Hans Konrad Biesalski
Vitamine (bw 2060)

NEU
Vanamali Gunturu
Yoga (bw 2915)

Otto Benkert
Martina Lenzen-Schulte
Zwangskrankheiten
(bw 2066)

NATURWISSENSCHAFTEN | TECHNIK

Walter Kirchner
Die Ameisen
(bw 2152)

Dieter B. Herrmann
Antimaterie
(bw 2104)

Karl Weiß
Bienen und Bienenvölker
(bw 2067)

Bruno Streit
Was ist Biodiversität?
(bw 2417)

Thomas Junker
Geschichte der Biologie
(bw 2334)

Werner Nachtigall
Bionik
Lernen von der Natur
(bw 2436)

Angela Schuh
Biowetter
Wie das Wetter unsere Gesundheit beeinflusst
(bw 2416)

Hubert Goenner
Albert Einstein
(bw 2839)

Hubert Goenner
Einsteins Relativitätstheorien
(bw 2069)

Peter Hennicke
Manfred Fischedick
Erneuerbare Energien
(bw 2412)

Thomas Junker
Die Evolution des Menschen
(bw 2409)

Albrecht Beutelspacher
Geheimsprachen
(bw 2071)

Hartmut Grote
Gravitationswellen
(bw 2879)

Klaus Honomichl
Insekten
(bw 2048)

Heinrich Zankl
Von der Keimzelle zum Individuum
Biologie der Schwangerschaft (bw 2149)

Stefan Rahmstorf
Hans-Joachim Schellnhuber
Der Klimawandel
(bw 2366)

Manuela Lenzen
Künstliche Intelligenz
(bw 2904)

Thomas Walther
Herbert Walther
Was ist Licht?
(bw 2122)

Siegmund Brandt
Geschichte der modernen Physik
(bw 2723)

Georg Schön
Pilze
(bw 2360)

Dieter Hoffmann
Max Planck
(bw 2442)

Gert-Ludwig Ingold
Quantentheorie
(bw 2186)

Günter Siefarth
Geschichte der Raumfahrt
(bw 2153)

Franz M. Wuketits
Was ist Soziobiologie?
(bw 2199)

Helmuth Schneider
Geschichte der antiken Technik
(bw 2432)

Marcus Popplow
Technik im Mittelalter
(bw 2482)

Linda Maria Koldau
Tsunamis
(bw 2770)

Hans-Joachim Blome
Harald Zaun
Der Urknall
(bw 2337)

Dieter B. Herrmann
Das Weltall
(bw 2410)

Albrecht Beutelspacher
Zahlen
(bw 2751)

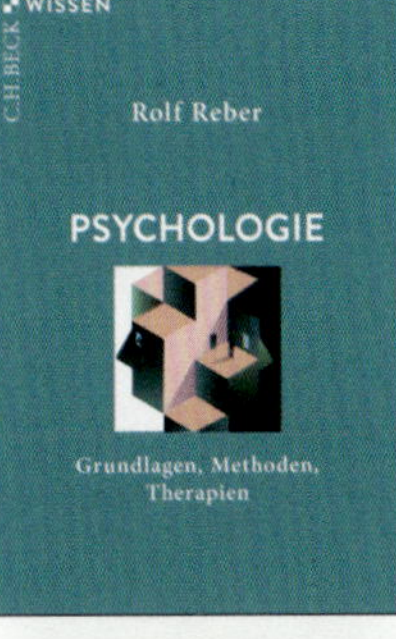

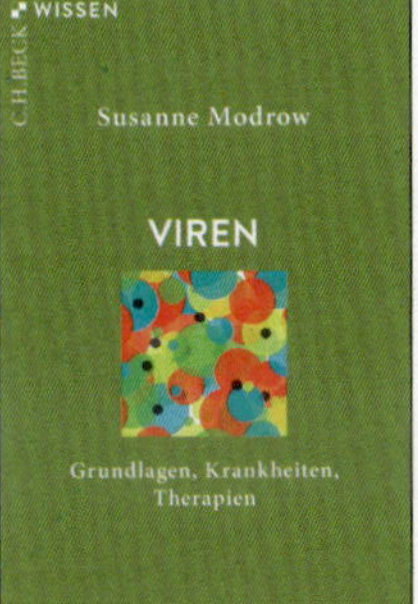

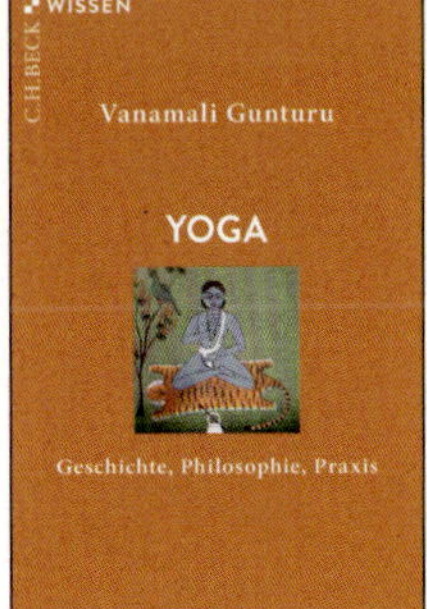

«Auf Anhieb erkennt man die Zielgruppe,
die diese Reihe anvisiert: Es ist jedermann.»

FRANKFURTER ALLGEMEINE ZEITUNG

«Eine Reihe von Vergnügungen.»

DER SPIEGEL

«Kurz und übersichtlich – kundig und lesbar.»

DIE ZEIT

«Die wunderbar handliche Reihe C.H.Beck Wissen
macht allein schon durch die Buntheit
ihrer Titel Lust, sich dem Abenteuer
einer wahllosen Weiterbildung zu überlassen.»

SÜDDEUTSCHE ZEITUNG

«Große Stoffgebiete, knapp gefasst.»

NEUE ZÜRCHER ZEITUNG

«Dass dünn nicht dumm bedeutet, beweist der
Münchner Verlag C.H.Beck mit seiner Reihe ‹Wissen›.
Bildung muss nicht schwergewichtig sein.»

DIE WELT